跨境电商实务

主　编：赵　静　马文娟　甘　博
副主编：杨轶群　牛雪彦　宋成涛
　　　　王黎明　潘　健　陈　龙
参　编：董菊红　邓　莹

北京理工大学出版社
BEIJING INSTITUTE OF TECHNOLOGY PRESS

版权专有　侵权必究

图书在版编目（CIP）数据

跨境电商实务 / 赵静，马文娟，甘博主编． -- 北京：北京理工大学出版社，2025.1．
ISBN 978-7-5763-4787-6

Ⅰ．F713.365.2

中国国家版本馆 CIP 数据核字第 2025G4J906 号

责任编辑：杜　枝		**文案编辑**：杜　枝	
责任校对：周瑞红		**责任印制**：施胜娟	

出版发行 / 北京理工大学出版社有限责任公司
社　　址 / 北京市丰台区四合庄路 6 号
邮　　编 / 100070
电　　话 /（010）68914026（教材售后服务热线）
　　　　　（010）63726648（课件资源服务热线）
网　　址 / http://www.bitpress.com.cn

版 印 次 / 2025 年 1 月第 1 版第 1 次印刷
印　　刷 / 涿州市新华印刷有限公司
开　　本 / 787 mm×1092 mm　1/16
印　　张 / 10.5
字　　数 / 217 千字
定　　价 / 52.00 元

图书出现印装质量问题，请拨打售后服务热线，负责调换

前 言

随着"一带一路"倡议的全面实施,跨境电商成为当前发展速度最快、带动作用最强的一种外贸新业态。与此同时,对于懂业务、会操作的跨境电商专业人才需求也大大增加。

跨境电商实务是一门综合性的应用学科。为了适应高等职业教育发展的需要,以培养应用型复合型新商科人才为宗旨,编者根据多年的教学经验和实践经验编写了本教材。

本教材以习近平新时代中国特色社会主义思想为指导,贯彻落实党的二十大精神,在调研跨境电商相关岗位工作任务和职业能力的基础上,融岗课赛证于一体,以跨境电商工作流程为主线,划分为跨境电铺注册、市场调研与选品、跨境平台店铺运营、跨境店铺营销与推广、跨境电商支付、跨境物流操作、跨境电商客服与管理等七个项目,每个项目下包含具体任务,逐一介绍了跨境店铺运营各环节的操作要点。每一任务都有任务详情、任务分析、相关知识点、任务实施等内容,方便教师授课,便于学生记忆和理解。

本教材与常规教材相比,具有以下三个特点:

1. 素质引领,融入鲁商文化,四品浸润,推进立德树人

本教材以习近平新时代中国特色社会主义思想为指导,深入贯彻党的二十大精神,以立德树人为根本任务,对接区域经济发展,将党的理论、大国自信、鲁商文化等融入教材内容,实现了专业知识与素质培养的深度融合。

2. 任务主线,加入企业真实案例,体现产教融合

本教材编写组加入了两位具有丰富实践经验的跨境企业一线从业人员,跨境平台运营经验丰富,提供了大量企业真实业务素材,实现了教育与产业的深度融合。

3. 平台辅助,运用跨境沙盘运营与决策软件,培养跨境思维

考虑到目前许多跨境电商运营平台收费,许多初学者不具备运营能力,本教材特别引入了南京奥派跨境沙盘运营与决策系统软件,作为辅助,帮助初学者了解跨境业务的基本流程,掌握跨境的入门知识。在具备了一定的基础知识后,再结合 TEMU 跨境平台进行跨境运营实战,实现了从模拟到实战的过渡,训练了跨境运营思维。

本教材由山东劳动职业技术学院教师赵静、马文娟、甘博担任主编,负责教材体例设计和样章编写以及组织编写，由山东劳动职业技术学院杨轶群、牛雪彦、宋成涛、王黎明、潘健，山东服装职业学院陈龙担任副主编，济南广盛源生物科技有限公司董菊红、山东网商科技集团有限公司邓莹也参与了本书的编写。具体编写分工如下：项目一由赵静编写，项目二和项目五由马文娟、甘博、邓莹编写，项目三和项目六由杨轶群、马文娟、董菊红编写，项目四由牛雪彦、宋成涛、潘健编写，项目七由杨轶群、王黎明、陈龙编写，马文娟负责全书整体统稿工作。本教材中的产品实物由济南广盛源生物科技有限公司提供，校企合作共建的跨境运营团队左智文团队负责本教材涉及的产品拍摄、信息处理及店铺运营。

本教材在编写过程中参阅了TEMU、速卖通、敦煌网、Wish、eBay、亚马逊等跨境电商平台和特喵、极鲸云、店小秘、艾姆勒、夏普、雨果网等跨境电商服务平台的大量资料，得到了济南广盛源生物科技有限公司、山东网商科技教育集团等跨境电商企业的大力支持，在此一并表示感谢。

跨境电商发展十分迅速，跨境电商市场瞬息万变，国家政策和平台规则不断更新，本教材的纸质版内容以截稿日期前的平台规则、相关操作等为准。由于编写时间仓促，教材中难免存在疏漏之处，恳请广大读者批评指正。

目 录

项目一　跨境店铺注册 ... 1

任务 1　认识跨境电商 ... 2
任务 2　跨境电商平台选择 ... 12
任务 3　跨境电商网店注册 ... 20

项目二　市场调研与选品 ... 30

任务 1　认识禁选产品 ... 31
任务 2　目标市场分析 ... 38
任务 3　数据化选品 ... 43

项目三　跨境平台店铺运营 ... 53

任务 1　产品信息处理 ... 54
任务 2　产品发布 ... 66

项目四　跨境店铺营销与推广 ... 81

任务 1　认识站内营销 ... 82
任务 2　站外营销 ... 94
任务 3　跨境电商直播 ... 100

项目五　跨境电商支付 ... 109

任务 1　认识跨境电商支付 ... 110
任务 2　设置跨境电商支付 ... 112

项目六　跨境物流操作 ... 120

任务 1　认识跨境物流 ... 121
任务 2　计算跨境物流运费 ... 131

任务3　设置物流运费模板 ……………………………………………… 135

项目七　跨境电商客服与管理　142

　　任务1　跨境电商客服基本要求 ………………………………………… 143
　　任务2　售后服务及纠纷处理 …………………………………………… 150

参考文献 ……………………………………………………………………… 161

项目一　跨境店铺注册

1. 掌握跨境电子商务的概念，掌握跨境电商的特征、分类和基本模式。
2. 了解跨境电商的发展历程、形势和未来发展趋势。
3. 熟悉跨境电商与传统国际贸易的区别和联系。
4. 熟悉常见的跨境电商平台特点，掌握店铺注册的规定和要求，以及店铺注册流程和认证操作，了解跨境电商新兴平台。

1. 能区分各大主流跨境电子商务 B2B 平台和 B2C 平台。
2. 能根据跨境电商平台的入驻要求，帮助需转型的商家选择跨境电商平台。
3. 能根据跨境电商平台对商家入驻的规定和要求，独立完成跨境店铺注册。

素养目标

1. 对于电子商务和跨境电商具有浓厚兴趣，具有明晰的专业发展规划，愿意终身学习，不断更新丰富专业和课程知识结构。
2. 了解快速发展的电子商务新兴产业动态，熟悉国内外有关电子商务的方针、政策与法规，了解国际惯例和规则。
3. 养成及时关注并深入了解行业现状及发展趋势、国家关于跨境电商方面的政策、跨境电商平台的政策与规则等的意识与习惯。
4. 保持端正的屏前坐姿和健康的身体素质。通过参与团队合作，提高与团队成员的沟通意识和沟通能力，养成良好的职业道德。

工作项目

业务背景

山东环球电子商务有限公司成立于 2018 年 6 月，是一家小型初创企业，主营猫狗香波、除臭剂、洗耳液等宠物用品，致力于为消费者供应中国商品、为中国供应商提供小额批发及零售业务的电商公司。目前，在国内业务发展成熟的基础上，公司打算试水跨境电商领域。

任务 1　认识跨境电商

任务详情

现公司设立跨境电商运营部，并给跨境电商专员小李布置了任务，要求其根据公司特色，选择适当的平台进行跨境业务试水。小李不太熟悉相关业务，有些焦虑，经理建议其先从基础入手，熟悉业务。

任务分析

小李根据经理的建议，从基础做起，通过向老员工请教，了解了跨境电商的含义、分类等基本内容。随后，通过线上查找信息，总结了跨境电商与传统贸易的异同点，以及跨境电商的发展历程、新趋势。

相关知识点

一、跨境电商的概念

跨境电子商务简称跨境电商，英文名称 Cross-border Electronic Commerce，是指分属不同关境的交易主体，通过电子商务平台达成交易、进行支付结算，并通过跨境物流送达商品、完成交易的一种国际商业活动。

知识拓展：走进跨境电商

二、跨境电商的基本特征

（1）全球性：跨境电商打破了地理空间的限制，消费者和商家可以在全球范围内进行交易。例如，一家中国的小型企业可以通过跨境电商平台将产品销售到世界各地，而消费者也能够轻松购买到来自不同国家的特色商品。

知识拓展：跨境电商的岗位分析和人才需求

（2）无形性：数字化产品和服务在跨境电商中占据重要地位，如在线课程、软件、音乐等。这些产品是以数字形式存在和交易的，没有实物形态。

（3）匿名性：在跨境电商交易中，由于交易双方可以通过网络匿名进行，使消费者的个人信息在一定程度上得到保护，但也可能带来一些监管上的挑战。

（4）即时性：信息的传播和交易的达成几乎是即时的。消费者能够迅速获取商品信息，商家也能及时响应订单和处理交易。

（5）无纸化：交易过程中的合同、订单、发票等大多以电子形式存在和传输，减少了纸质文件的使用，提高了效率，降低了成本。

（6）小批量多批次：与传统贸易的大批量交易不同，跨境电商往往以小批量、多频次的方式进行交易，满足消费者个性化、多样化的需求。

（7）高频度：由于互联网的便捷性和消费者需求的不断变化，跨境电商交易的频率相对较高。

（8）品种繁杂：跨境电商提供了极其丰富的商品种类，涵盖了几乎所有的行业和领域。

三、跨境电商的分类

跨境电商可以从不同的角度进行分类。

（一）按照交易主体分类

（1）B2B 跨境电商：企业对企业的跨境电商模式，例如中国的制造商向国外的批发商销售大量的原材料或半成品。

（2）B2C 跨境电商：企业直接面向消费者销售商品，比如国外的消费者通过电商平台购买中国企业生产的服装、电子产品等。

（3）C2C 跨境电商：消费者个人之间的跨境交易，常见于二手物品交易或个人特色商品的销售。

（二）按照商品流向分类

1. 进口跨境电商

进口跨境电商是指将国外的商品通过电子商务平台引入国内市场进行销售的一种商业模式。

它具有以下主要特点：

（1）商品来源广泛：进口跨境电商的商品来自全球各地，涵盖了众多品类和品牌。消费者可以在平台上购买到来自不同国家和地区的特色商品，满足多样化的消费需求。例如，一些消费者可以通过进口跨境电商平台购买到日本的化妆品、韩国的时尚服饰、欧洲的母婴用品等。

（2）品质保障：通常会对商品进行严格的筛选和审核，确保商品的品质和安全性。

同时，一些平台还会提供商品的溯源信息，让消费者可以了解商品的来源和生产过程，提升消费者的信任度。比如，一些进口跨境电商平台会与国外的知名品牌商合作，直接从品牌商处采购商品，保证商品的正品品质。

（3）价格优势：由于减少了中间环节，进口跨境电商平台上的商品价格相对传统进口渠道可能更具优势。同时，平台还会经常推出各种促销活动，让消费者可以以更实惠的价格购买到心仪的商品。例如，在一些重大节日或促销节点，进口跨境电商平台会推出满减、折扣、赠品等优惠活动，吸引消费者购买。

（4）购物便捷：消费者可以通过电脑、手机等设备随时随地进行购物，无须亲自前往国外购买商品。同时，平台还会提供便捷的支付方式和物流配送服务，让消费者可以轻松完成购物流程。比如，一些进口跨境电商平台支持多种支付方式，包括支付宝、微信支付、银联支付等，方便消费者进行支付。物流配送方面，平台会与国内外的物流公司合作，确保商品能够快速、安全地送达消费者手中。

2. 出口跨境电商

出口跨境电商是指将国内的商品通过电子商务平台销售到国外市场的一种商业模式。

它具有以下特点：

（1）市场广阔：出口跨境电商可以将商品销售到全球各地，市场范围非常广阔。不同国家和地区的消费者需求各异，为国内企业提供了丰富的市场机会。例如，中国的电子产品、服装、家居用品等在全球市场上都有很高的需求。

（2）降低贸易成本：传统的国际贸易通常需要通过中间代理商、批发商等环节，成本较高。而出口跨境电商可以直接将商品销售给国外消费者，减少了中间环节，降低了贸易成本。同时，电子商务平台的运营成本相对较低，企业可以通过优化供应链、降低物流成本等方式进一步提高利润空间。

（2）快速响应市场需求：出口跨境电商可以通过互联网及时了解国外市场的需求变化，快速调整产品策略和营销策略。企业可以根据消费者的反馈和市场趋势，及时推出新产品，满足市场需求。例如，一些时尚服装企业可以通过社交媒体等渠道了解国外流行趋势，快速推出符合市场需求的新款服装。

（3）品牌建设机会：出口跨境电商为国内企业提供了一个展示品牌形象和产品质量的平台。通过优质的产品和服务，企业可以在国外市场上树立良好的品牌形象，提高品牌知名度和美誉度。例如，一些中国的智能手机品牌在全球市场上取得了很大的成功，通过不断创新和提高产品质量，赢得了国外消费者的认可。

（三）按照运营模式分类

1. 平台型跨境电商

平台型跨境电商是指为买卖双方提供线上交易场所和相关服务的电子商务平台，让不同国家和地区的商家与消费者能够在平台上进行跨境交易。

它具有以下特点：

（1）丰富的商品和商家资源：平台上汇聚了海量的商品，涵盖众多品类和品牌，来自世界各地的商家都可以在平台上展示和销售自己的产品，满足消费者多样化的购物需求。例如，亚马逊平台上的商品种类极其丰富，几乎涵盖消费者日常所需的各种商品。

（2）轻资产运营：对于平台本身来说，主要是搭建和维护线上交易平台，不需要直接参与商品的采购、库存管理和物流配送等环节，运营成本相对较低，能够快速扩大规模。

（3）强大的技术支持：需要具备先进的技术系统，包括网站或应用的开发和维护、支付系统的安全保障、数据管理和分析等，以确保交易的顺利进行和用户信息的安全。同时，平台还需要不断优化技术，提升用户体验，例如提供快速的搜索功能、流畅的购物流程等。

（4）网络效应明显：随着平台上商家和消费者数量的不断增加，平台的价值也会不断提升。更多的商家能够吸引更多的消费者，而更多的消费者又会吸引更多的商家入驻，形成良性循环。

2. 自营型跨境电商

自营型跨境电商是指企业自己经营跨境电商业务，直接从供应商采购商品，然后通过自己的电商平台销售给消费者，并负责商品的库存管理、物流配送和售后服务等环节。

它具有以下主要特点：

（1）商品品质把控严格：自营型跨境电商对商品的采购环节进行严格把控，直接与品牌商或供应商合作，确保商品的品质和真实性。例如，一些自营跨境电商平台会对供应商进行严格的筛选和审核，要求供应商提供相关的资质证明和产品检测报告。

（2）供应链管理高效：由于直接参与商品的采购、库存管理和物流配送等环节，自营型跨境电商能够更好地掌握供应链的各个环节，提高供应链的效率和稳定性。可以通过优化采购渠道、合理安排库存、选择高效的物流合作伙伴等方式，降低成本，提高商品的配送速度和服务质量。

（3）品牌建设意识强：自营型跨境电商通常注重品牌建设，通过提供优质的商品和服务，树立良好的品牌形象，提高消费者的忠诚度。例如，一些自营跨境电商平台会推出自己的品牌商品，通过品牌化运营提高商品的附加值和竞争力。

（4）用户体验较好：能够对商品的质量、物流配送和售后服务等方面进行全面的把控，为消费者提供更好的购物体验。例如，提供快速的物流配送服务、完善的售后服务体系、简洁明了的购物界面等。

（四）按照商品品类分类

1. 垂直类跨境电商

垂直类跨境电商是指在某一特定领域或行业内进行跨境电子商务活动的企业或模式。

它具有以下主要特点：

（1）专业性：对特定领域或行业的产品或服务有着深入的了解和研究，能为消费者提供专业、可靠的产品推荐和服务。比如专注于母婴用品的垂直跨境电商，其团队会对各类母婴产品的成分、安全性、适用年龄等方面有专业的认知，以便为消费者提供准确的信息和建议。

（2）精细性：由于专注于某一领域，能够更细致地把握消费者需求，对产品或服务进行精细化管理，从而提升购物体验。例如在产品展示上，会详细介绍产品的特点、使用方法、注意事项等，让消费者能够全面了解产品。

（3）深度性：在特定领域具有一定的深度，能够提供深入的市场分析和产品研究，为消费者提供准确的产品信息和市场趋势。比如专注于时尚行业的垂直跨境电商，会对不同地区的时尚潮流、流行趋势进行深入研究，为消费者提供符合潮流的产品。

2. 综合类跨境电商

综合类跨境电商是一种涵盖多个品类、面向全球市场的电子商务模式。

它具有以下主要特点：

（1）商品种类丰富：综合类跨境电商平台通常提供广泛的商品选择，包括服装、电子产品、家居用品、美妆护肤等各种品类。这使消费者可以在一个平台上满足多样化的购物需求。例如，亚马逊作为全球知名的综合类跨境电商平台，销售的商品几乎涵盖了所有生活领域。

（2）全球市场覆盖：突破了传统贸易的地域限制，能够将商品销售到世界各地。商家可以借助平台的物流和支付体系，轻松拓展国际市场，接触大量的海外消费者。消费者也可以购买来自不同国家和地区的优质商品，享受全球购物的便利。

（3）便捷的购物体验：提供多语言界面和本地化服务，方便不同国家和地区的消费者进行购物。通常具备完善的物流配送体系，确保商品能够快速、安全地送达消费者手中。支持多种支付方式，满足不同消费者的支付需求。

四、跨境电商的基本模式

1. B2B（Business to Business）模式

这是企业与企业之间通过互联网进行产品、服务及信息交换的商业模式。它具有以下特点：

（1）交易规模大：B2B 模式下的交易通常涉及较大的订单量和金额。企业之间的采购和销售往往是基于长期的合作关系，交易规模相对较大。例如，一家制造企业向供应商采购原材料，订单金额可能高达数百万元甚至上千万元。

（2）交易流程复杂：B2B 交易通常涉及多个环节，包括询价、报价、谈判、合同签订、物流配送、售后服务等。交易流程相对复杂，需要双方企业进行充分的沟通和协调。例如，在大型设备的采购过程中，企业需要对供应商进行严格的评估和筛选，签订详细的合同条款，并确保设备的安装、调试和售后服务得到妥善安排。

（3）客户关系稳定：B2B 模式下，企业之间的合作通常是长期的，客户关系相对稳定。双方企业在长期的合作过程中建立了信任和默契，共同发展。例如，一家汽车制造商与零部件供应商之间的合作可能持续数年甚至数十年，双方在产品质量、交货期、价格等方面进行不断的协商和改进。

（4）专业性强：B2B 交易往往涉及专业的产品和服务，需要买卖双方具备一定的专业知识和技能。例如，医疗设备的采购需要医院和供应商具备相关的医疗知识和技术背景。同时，B2B 平台通常也提供专业的行业资讯、技术支持和解决方案，以满足企业客户的需求。

2. B2C（Business to Customer）模式

这是企业直接面向消费者销售产品和服务的商业模式。它具有以下特点：

（1）直接面向消费者：B2C 模式下，企业直接将产品或服务销售给最终消费者，没有中间环节。消费者可以通过企业的电子商务平台或线下门店进行购买。例如，消费者可以在京东、淘宝等电商平台上直接购买各种商品，也可以在苹果专卖店购买苹果手机等产品。

（2）以消费者为中心：B2C 模式强调以消费者为中心，注重满足消费者的需求和体验。企业需要通过市场调研、数据分析等方式了解消费者的需求和偏好，提供个性化的产品和服务。例如，一些电商平台会根据消费者的浏览历史和购买记录，为消费者推荐个性化的商品；一些企业会提供优质的客户服务，及时解决消费者的问题和投诉。

（3）交易规模相对较小：与 B2B 模式相比，B2C 模式下的交易规模通常较小。消费者的购买行为通常是单次或少量的，订单金额相对较低。例如，消费者在网上购买一件衣服或一本书，订单金额通常在几十元到几百元之间。

（4）营销方式多样化：B2C 模式下，企业需要采用多样化的营销方式来吸引消费者。常见的营销方式包括广告宣传、促销活动、社交媒体营销、内容营销等。例如，企业可以在电视、报纸、杂志等媒体上投放广告，也可以在社交媒体平台上开展促销活动，吸引消费者的关注和购买。

3. C2C（Customer to Customer）模式

这是消费者对消费者的商业模式。它具有以下特点：

（1）个人卖家为主：C2C 模式中，平台上的卖家主要是个人。他们可以将自己闲置的物品、二手商品或者自己制作的手工艺品等进行出售。例如，在闲鱼平台上，很多用户会将自己不再使用的电子产品、衣物等挂出售卖。

（2）交易灵活多样：交易的商品种类繁多，价格也比较灵活。卖家可以根据商品的实际情况和市场需求自行定价，买家则可以通过与卖家协商来确定最终价格。比如，一些收藏爱好者在 C2C 平台上出售稀有邮票时，价格可能会根据邮票的品相、稀有程度以及市场行情进行调整。

项目一　跨境店铺注册　7

（3）社交互动性强：C2C 平台通常具有较强的社交属性。买家和卖家可以通过平台进行沟通交流，分享购物经验和商品信息。例如，在一些 C2C 平台的商品评论区，用户会互相交流商品的使用感受和购买建议。

（4）平台提供服务：C2C 模式下，平台主要起到连接买卖双方、提供交易保障和技术支持等作用。平台会制定交易规则、提供支付和物流等服务，确保交易的顺利进行。比如，淘宝的 C2C 板块会为买卖双方提供支付宝担保交易，保障资金安全。

4. M2C（Manufacturer to Customer）模式

这是生产厂家对消费者的商业模式。它具有以下特点：

（1）源头直供：商品由生产厂家直接销售给消费者，没有中间环节，确保了产品的真实性和品质。消费者可以直接从源头购买到商品，避免了经过多层经销商加价的情况。例如，一些家电品牌通过自己的官方网站或电商平台直接向消费者销售产品，消费者可以以更优惠的价格购买到高品质的家电。

（2）个性化定制：M2C 模式下，厂家可以根据消费者的需求进行个性化定制生产。消费者可以参与产品的设计和生产过程，满足自己的个性化需求。比如，一些服装厂家提供定制服务，消费者可以根据自己的身材、喜好选择面料、款式和颜色等，定制独一无二的服装。

（3）高效供应链：由于没有中间环节，厂家可以更快速地响应消费者的需求，提高供应链的效率。生产厂家可以直接掌握市场动态，根据消费者的反馈及时调整生产计划和产品设计。例如，一些电子产品厂家通过 M2C 模式，可以快速推出新产品，满足消费者对科技产品的需求。

（4）品牌建设与客户关系维护：生产厂家直接与消费者接触，有利于品牌建设和客户关系维护。厂家可以通过提供优质的产品和服务，树立良好的品牌形象，提高消费者的忠诚度。比如，一些汽车厂家通过线上线下的互动活动，与消费者建立紧密的联系，了解消费者的需求和意见，不断改进产品和服务。

5. O2O（Online to Offline）模式

这是线上到线下的商业模式。它具有以下特点：

（1）线上线下融合：O2O 模式将线上的信息和线下的实体服务紧密结合。消费者可以通过线上平台获取商品或服务的信息、进行预订和支付，然后在线下实体店体验和消费。例如，消费者可以在美团上查找附近的餐厅，查看菜品评价和价格，在线预订座位并支付，然后到餐厅就餐。

（2）本地生活服务为主：O2O 模式主要聚焦于本地生活服务领域，如餐饮、美容美发、酒店住宿、旅游等。这些服务具有地域性强、即时性需求高的特点，适合通过 O2O 模式进行整合和推广。比如，用户可以通过 58 同城找到本地的家政服务，预约上门服务时间。

（3）数据驱动营销：O2O 平台可以收集大量的用户数据，包括消费行为、偏好、地理位置等。通过对这些数据的分析，商家可以进行精准营销，提高营销效果和客户满意度。例如，某咖啡店根据 O2O 平台上的用户消费记录，向经常购买咖啡的用户推送新的饮品优惠信息。

（4）强调用户体验：O2O 模式注重用户在整个消费过程中的体验。从线上的便捷操作到线下的优质服务，都致力于满足用户的需求，提高用户的忠诚度。比如，一些酒店通过 O2O 平台提供在线选房、快速入住、个性化服务等，提升用户的住宿体验。

任务实施

一、跨境电商与国际贸易

跨境电商和国际贸易之间既有联系，又存在一些区别。

（一）联系

（1）都涉及跨越国界的商品或服务交换：无论是跨境电商还是传统的国际贸易，其核心都是促进不同国家和地区之间的经济交流。

（2）依赖相似的基础设施：如国际物流、支付系统、通信网络等，以实现商品的运输和资金的流转。

知识拓展：跨境电商与传统贸易

（3）受国际贸易规则和政策的影响：包括关税、贸易协定、进出口法规等。

（二）区别

1. 交易方式和规模

国际贸易往往是大规模的企业间交易，合同金额较大，交易流程较为复杂。

跨境电商交易规模更灵活，既有 B2B 大订单，也有 B2C 小而频繁的订单。

2. 营销与销售渠道

国际贸易主要通过参加展会、商务洽谈等方式寻找客户和达成交易。

跨境电商更多依赖互联网平台、社交媒体进行推广和销售。

3. 供应链结构

国际贸易的供应链相对较长，涉及多个中间环节。

跨境电商可以直接连接生产商和消费者，中间环节较少。

4. 运营成本和效率

传统国际贸易的运营成本较高，包括参展、差旅等费用，交易周期较长。

跨境电商借助数字化手段降低了部分成本，交易效率更高。

5. 客户关系管理

国际贸易中企业与客户的互动相对较少。

跨境电商可以实时与客户沟通，更注重客户体验和反馈。

6. 支付方式

传统国际贸易主要通过信用证、电汇等传统金融工具进行支付，流程较为复杂，时间较长。国际贸易中存在汇率波动风险，企业需要通过金融工具对冲风险，增加了财务管理的复杂性。

跨境电商平台支持多种支付方式，包括电子钱包、移动支付、信用卡等，方便快捷。跨境电商平台通常具有先进的支付安全技术，保障交易的安全性和可靠性。

二、跨境电商发展历程

跨境电子商务的发展历程可以分为几个重要阶段，每个阶段都标志着该行业的重大进步和发展。

（1）起步阶段（20世纪90年代—21世纪00年代）

这一时期可以追溯到20世纪90年代，当时互联网的普及率还很低，跨境电商的规模也非常小。主要是一些小型企业通过邮件、传真等方式进行跨境贸易。随着互联网的普及和电子商务的兴起，跨境电商开始进入快速发展期。

（2）快速发展阶段（21世纪00年代中期—21世纪10年代初期）：21世纪00年代中期，跨境电商开始进入快速发展期。随着互联网技术的不断发展和电子商务的普及，跨境电商的规模不断扩大。一些大型电商平台（如eBay、亚马逊等）也开始进入跨境电商领域，通过建立全球化的供应链和物流体系，为跨境电商提供了更加便捷的交易环境。

（3）政策调整阶段（21世纪10年代中期—2018年）：21世纪10年代中期，跨境电商进入政策调整阶段。由于跨境电商的发展速度过快，一些国家开始对跨境电商进行监管和管理。例如，中国政府在2014年颁布了《跨境电子商务零售进口税收政策》，对跨境电商进行了税收和监管方面的规定。

（4）新政策推动阶段（2018年至今）：2018年以来，中国政府发布了《关于促进跨境电子商务健康发展的若干意见》，提出了一系列政策措施以促进跨境电商的健康发展。这些政策包括扩大跨境电商综合试验区范围、优化跨境电商进口流程、加强跨境电商知识产权保护等，为跨境电商的发展提供了更加良好的环境。

中国跨境电子商务的发展不仅影响了中国的外贸结构，同时也引起了国际社会的关注，成为全球市场格局变化的一个显著标志。中国跨境电子商务的发展历程，从起步到快速发展，再到政策调整和新政策推动阶段，展示了该行业如何逐步成熟并成为全球贸易的重要组成部分。

三、跨境电商发展趋势

1. 技术创新引领

人工智能和机器学习将进一步优化客户服务，实现更精准的个性化推荐和智能客服。物联网技术将用于追踪货物运输和库存管理，提高供应链的透明度和效率。

10　跨境电商实务

2. 社交电商融合加深

社交媒体平台将成为跨境电商营销的重要渠道，通过社交互动促进购买。
直播带货等形式将更加普及，消费者能够实时了解和购买产品。

3. 绿色可持续发展

消费者对环保和可持续产品的需求持续增长，跨境电商企业将更加注重绿色供应链和环保包装。

4. 品牌化和品质化提升

消费者对品牌认知和产品质量的要求提高，品牌建设和品质保障将成为竞争关键。

5. 全渠道营销与服务

线上线下融合更加紧密，提供一致的购物体验，如线上购买线下取货或退换货。

6. 市场拓展多元化

除了欧美等传统市场，新兴市场（如东南亚、非洲、中东等地区）的潜力将得到进一步挖掘。

7. 跨境支付便捷化

数字货币和更便捷的跨境支付方式将不断涌现，降低交易成本和提高支付安全性。

8. 法规政策完善

各国对跨境电商的监管将更加严格，企业需要加强合规经营，保障消费者权益和数据安全。

例如，未来可能会出现通过人工智能实时为消费者生成个性化的虚拟试衣效果，提升购物体验；同时，随着新兴市场互联网普及度的提高，更多针对当地需求的特色产品将通过跨境电商进入这些市场。

任务总结

本任务介绍了跨境电商的定义、基本特征、分类和基本模式等。通过学习，同学们可初步认识跨境电商，并理解跨境电商与传统国际贸易的区别和联系，能掌握跨境电商的发展历程和未来的发展趋势。请根据掌握的知识，完成表1-1。

表1-1 知识及技能总结

类别	内容	学生总结	教师点评
知识点	跨境电商定义		
	跨境电商特点		
	跨境电商的分类和模式		
技能点	跨境电商未来发展趋势		

任务 2　跨境电商平台选择

任务详情

经理要求跨境电商专员小李尽快根据公司特色，选择适当的平台开展跨境业务。

任务分析

在选择入驻某个跨境平台前，需对各个平台有个大致的了解，业务员小李需要经过比较，了解常见的跨境电商平台，对平台诞生、入驻门槛、开店费用等进行比较，掌握其特点，并结合产品特点，选择适合公司的平台入驻。

相关知识点

一、认识常见的跨境电商平台

目前，出口跨境电商平台主要由以下几类构成：

B2B 类：阿里巴巴国际站、中国化工网英文版、环球资源、中国制造网、MFG.com、聚贸、易唐网、大龙网、敦煌网等。

B2C 类：全球速卖通、eBay、亚马逊、Wish、兰亭集势、DX、米兰网、环球易购、百事泰、傲基国际、执御、小笨鸟等。

第三方服务企业：一达通、易单网、世贸通、Paypal、Moneybooker、MoneyGram、中国银行、中国平安、中国邮政、UPS、TNT、顺丰、DHL、FedEx、递四方、出口易、四海商周、大麦电商、华农百灵等。

知识拓展：跨境电商平台基本操作

1. 亚马逊

亚马逊公司（Amazon，简称亚马逊），是美国最大的一家网络电子商务公司，位于华盛顿州的西雅图。亚马逊成立于 1995 年，初期定位是网络书店，1997 年转变为最大的综合网络零售商，如图 1-1 所示。

亚马逊平台具有以下显著特点和优势：

（1）规模庞大：覆盖全球多个国家和地区，拥有海量的用户和丰富的商品品类。

（2）品牌影响力强：消费者对亚马逊的信任度高，有利于卖家建立品牌形象。

（3）物流服务完善：提供亚马逊物流（FBA）服务，卖家可以将商品存储在亚马逊的仓库，由亚马逊负责发货和配送，提高物流效率和客户满意度。

（4）营销工具多样：如广告投放、促销活动设置等，帮助卖家提高产品曝光度和销量。

（5）客户评价系统：消费者的评价对产品销售有重要影响，促使卖家注重产品质量

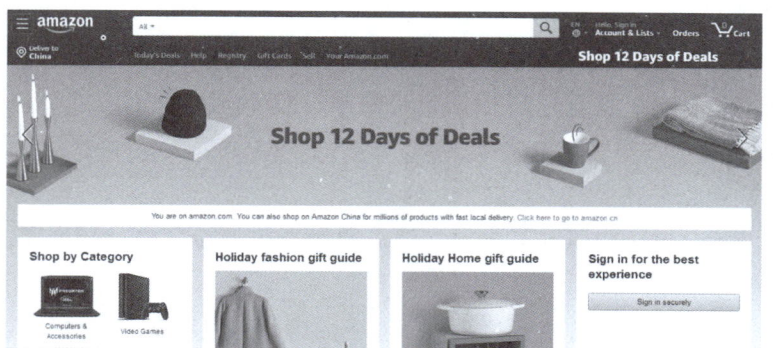

图 1-1 亚马逊界面

和服务。

然而，在亚马逊平台销售也面临一些挑战：

（1）竞争激烈：众多卖家在平台上竞争，需要有独特的产品和出色的运营策略才能脱颖而出。

（2）平台规则严格：如果违反规定，可能面临账号封禁等严重后果。

（3）费用较高：包括平台佣金、FBA 费用等，增加了运营成本。

2. 全球速卖通

全球速卖通，简称速卖通，英文名称为 AliExpress，是阿里巴巴面向国际市场推出的在线跨境电商平台，于 2010 年 4 月上线，被广大卖家称为"国际版淘宝"。全球速卖通通过支付宝国际账户进行担保交易，并使用国际物流渠道运输发货，是全球性的英文在线购物网站，如图 1-2 所示。

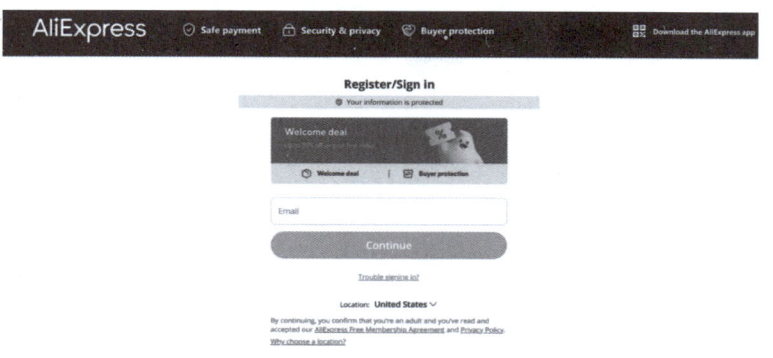

图 1-2 速卖通界面

全球速卖通平台具有以下特点：

（1）市场覆盖广泛：全球速卖通覆盖了全球 200 多个国家和地区，尤其在俄罗斯、巴西、西班牙等新兴市场表现出色。

（2）商品种类丰富：提供了从服装、饰品到家居用品、电子产品等几乎涵盖所有品类的商品。

（3）价格优势明显：许多商品价格相对较低，适合追求性价比的消费者。

（4）操作相对简便：对于卖家来说，开店流程相对简单，门槛较低。

（5）物流选择多样：卖家可以根据自身需求选择不同的物流方式，包括邮政小包、专线物流等。

不过，速卖通也存在一些不足之处：

（1）质量参差不齐：由于商品来源广泛，质量把控可能存在一定难度，部分商品质量可能不尽如人意。

（2）品牌建设难度大：价格竞争激烈，对于品牌的建立和推广相对较难。

（3）纠纷处理复杂：涉及不同国家和地区的消费者，在交易纠纷处理上可能会面临一些挑战。

3. eBay

eBay 是一个可以让全球民众上网买卖物品的线上拍卖及购物网站，于 1995 年 9 月 4 日由皮埃尔·奥米迪亚（Pierre Omidyar）以 Auctionweb 的名称创立于加利福尼亚州圣荷西。eBay 的创立最初是为了帮助创始人奥米迪亚的未婚妻交换皮礼士糖果盒。eBay 界面如图 1-3 所示。

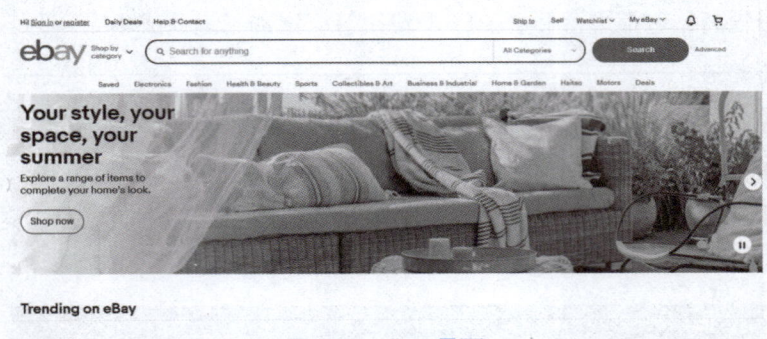

图 1-3　eBay 界面

eBay 平台具有以下特点：

（1）多元化的商品：几乎涵盖了所有品类的商品，从收藏品、二手物品到全新的品牌商品，满足了不同消费者的需求。

（2）拍卖模式：其独特的拍卖功能让买家可以通过竞价的方式购买商品，增加了购物的趣味性和交易的灵活性。

（3）全球市场：在全球多个国家和地区拥有用户，提供了广阔的销售和购买渠道。

（4）个人卖家友好：不仅适合企业，也为个人卖家提供了一个相对容易进入的平台。

然而，eBay 也存在一些不足之处：

（1）费用结构复杂：包括刊登费、成交费等多种费用，对于卖家来说成本计算可能较为复杂。

（2）竞争激烈：由于卖家众多，要在众多商品中脱颖而出需要付出更多的努力。

（3）售后保障挑战：在处理交易纠纷和售后问题时，可能存在一定的难度和不确定性。

（4）政策变化频繁：卖家需要时刻关注平台规则和政策的变化，以避免违规。

4. Wish

Wish 公司于 2011 年 12 月创立于美国旧金山硅谷，起初只是一个类似于国内的蘑菇街和美丽说的导购平台。Wish 界面如图 1-4 所示。

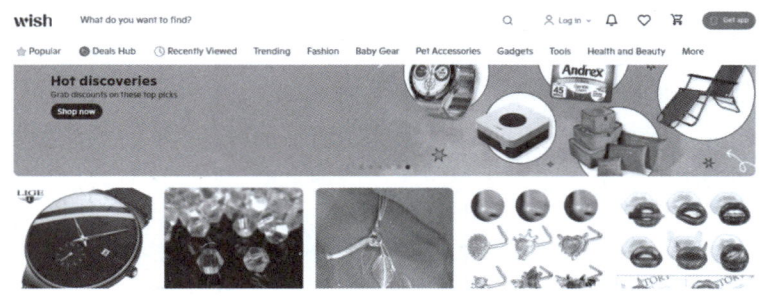

图 1-4 Wish 界面

Wish 平台具有以下特点：

（1）低价商品为主：平台上的商品价格通常较为低廉，吸引了对价格敏感的消费者。

（2）移动端优先：主要专注于移动应用端，其界面和操作针对手机用户进行了优化，方便用户随时随地购物。

（3）个性化推荐：通过算法为用户提供个性化的商品推荐，增加用户发现感兴趣商品的概率。

（4）商品来源广泛：汇聚了来自世界各地的卖家，商品种类丰富多样。

不过，Wish 也存在一些问题：

（1）商品质量参差不齐：由于价格低廉，部分商品的质量可能难以保证。

（2）物流时效不稳定：一些物流服务可能导致包裹送达时间较长或出现物流问题。

（3）退款和售后复杂：处理售后和退款事宜可能相对烦琐，给消费者和卖家带来一定困扰。

5. 敦煌网

敦煌网界面如图 1-5 所示。

图 1-5 敦煌网界面

项目一　跨境店铺注册　15

敦煌网具有以下特点：

（1）一站式服务：为卖家提供包括营销推广、交易、供应链金融、物流等一站式服务，降低了中小企业开展跨境电商的门槛。

（2）B2B 模式：专注于企业对企业的交易，适合批发业务。

（3）多品类覆盖：商品涵盖服装、电子产品、家居用品、玩具等众多品类。

（4）大数据支持：利用大数据分析帮助卖家精准匹配买家，提高交易效率。

然而，敦煌网也面临一些挑战：

（1）竞争压力：随着跨境电商市场的发展，面临来自其他平台的激烈竞争。

（2）服务质量提升：需要不断优化服务，以满足卖家和买家日益增长的需求。

6. TEMU

TEMU 是拼多多旗下的跨境电商平台，意为"Team Up, Price Down"，与国内的拼多多有着相似的理念，即买的人越多，价格越低。TEMU 于 2022 年 9 月 1 日正式在海外上线，最初面向美国消费者提供，上线仅一周便冲进了美国购物应用的第十四名。9 月 17 日，TEMU 位列 Google Play 商店的购物应用中单日下载量第一名。10 月 18 日，TEMU 超越 Amazon Shopping 登顶美国 App Store 免费购物应用榜单第一。

2023 年 4 月 21 日，继美国、加拿大、新西兰以及澳大利亚之后，TEMU 在英国正式上线。7 月 1 日，TEMU 在日本正式上线，首次进军亚洲市场。7 月 24 日，TEMU 正式上线韩国站点，加速扩大亚洲市场版图。2023 年 9 月，拼多多跨境平台 TEMU 马来西亚站上线。

相对国内的拼多多版本，TEMU 页面风格更简洁，商品图片质量更高。橙色 Logo 中除了 TEMU 的英文，还有裙子、玩具马、高跟鞋和箱包图案，与 TEMU 目前主打的品类一致。

点击进入 TEMU，可以看到商品分类主要包括家居园艺、宠物用品、女士服装、童装、男士服装、鞋包、内衣、电子产品、美妆、运动等全品类。TEMU 界面如图 1-6 所示。

7. Shopee

Shopee 是东南亚及中国台湾地区的电商平台。自 2015 年在新加坡成立以来，Shopee 业务范围辐射新加坡、马来西亚、菲律宾、泰国、越南、巴西等 10 余个市场，同时在中国的深圳、上海和香港地区设立跨境业务办公室。目前，Shopee 是东南亚发展最快的电商平台，是国货出海东南亚首选平台。Shopee 界面如图 1-7 所示。

二、跨境电商平台未来的发展趋势

1. 技术创新驱动

（1）人工智能和机器学习的更广泛应用，实现更精准的个性化推荐、智能客服和风

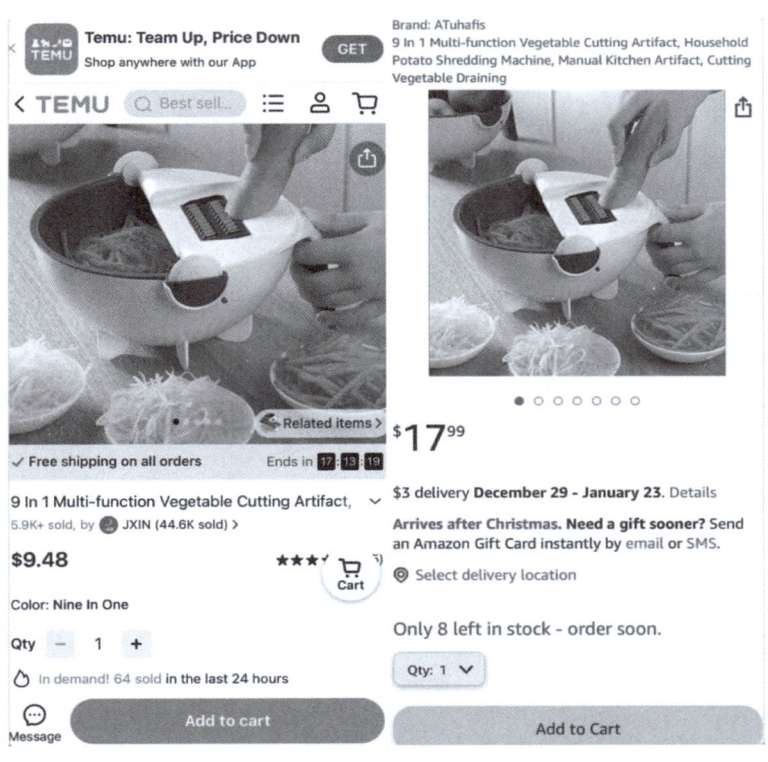

图 1-6　TEMU 界面

图 1-7　Shopee 界面

险预测。

（2）虚拟现实（VR）和增强现实（AR）技术用于提供沉浸式购物体验，让消费者能更直观地感受产品。

（3）物联网（IOT）与电商平台的融合，实现智能物流跟踪和库存管理。

2. 社交电商的深化

（1）社交平台与电商平台的合作将更加紧密，通过社交媒体的影响力和用户黏性促

进购物。

（2）网红营销、社群营销等方式将进一步发展，消费者更容易因受到社交圈子的影响而购买。

3. 绿色可持续发展

（1）消费者对环保、可持续产品的需求增加，平台将更注重此类商品的推广和供应链的绿色化。

（2）对包装材料的环保要求提高，推动物流环节的节能减排。

4. 品牌化和品质化

（1）消费者越来越注重品牌和产品质量，平台会加强对品牌商家的支持和品质监管。

（2）品牌建设和品牌保护将成为卖家的重要策略。

5. 全渠道融合

（1）线上线下融合的趋势加强，例如线上购买、线下取货，或者线下体验、线上购买。

（2）与实体零售商的合作增多，拓展销售渠道和服务范围。

6. 市场拓展与细分

（1）除了传统的欧美市场，新兴市场（如非洲、中东和拉美地区）的潜力将被进一步挖掘。

（2）针对特定消费群体和细分领域的专业平台可能会增多。

7. 供应链优化

（1）数字化供应链管理将更加普及，提高供应链的透明度和响应速度。

（2）本地仓和前置仓的建设，以实现更快速的配送。

8. 法规合规与数据安全

（1）随着各国法规的完善，平台需要加强合规管理，确保交易合法合规。

（2）数据安全和隐私保护将成为重要关注点，保障消费者信息安全。

例如，未来我们可能会看到更多如抖音电商那样通过短视频和直播实现社交购物的模式在跨境电商领域普及；同时，一些专注于有机食品、环保家居用品等特定细分领域的跨境电商平台也可能会崛起。

任务实施

小李首先调研了跨境电商平台的发展历程，随后对比各跨境电商平台的优劣势，结合公司产品特点，选择了合适的跨境电商平台。

一、调研跨境电商平台的发展和变革

（1）早期起步：最初，跨境电商平台数量有限，功能相对简单，主要集中在提供信

息展示和基本的交易撮合服务。物流和支付等基础设施不完善，限制了交易规模和范围。

（2）快速增长阶段：随着互联网技术的普及和发展，越来越多的平台涌现。平台功能不断丰富，如提供更详细的产品信息、用户评价、在线客服等，提升了用户体验。物流解决方案逐渐优化，包括建立海外仓、合作物流伙伴等，缩短了配送时间，降低了成本。

（3）成熟与创新阶段：大数据和人工智能技术的应用，实现更精准的营销和个性化推荐，提高了交易转化率。移动端购物成为主流，平台纷纷推出优化的移动应用，方便用户随时随地购物。社交电商元素的融入，通过社交媒体渠道进行推广和销售。

二、对比并选择跨境电商平台

敦煌网、TEMU、速卖通、亚马逊、Wish、eBay 等常见跨境电商平台的特点已经在"任务分析"中详细讲述，这里重点介绍各跨境电商平台之间的异同点，跨境电商平台比较如表 1-2 所示。

表 1-2　跨境电商平台比较

对比项目	敦煌网	TEMU	速卖通	亚马逊	Wish	eBay
平台出生	本土	本土	本土	美国	美国	美国
开店门槛	不高	不高	较高	很高	不高	不高
开店费用	收	不收	收年费	收月租	不收	不收
刊登费用	未超量不收	不收	不收	不收	不收	收
成交佣金	收买家佣金		收卖家佣金	收	收卖家佣金	收
产品限制	有限制但不严	有限制但不严	较严	需品牌	严禁仿品	严禁仿品
收款方式	中国银行卡	中国银行卡	企业支付宝	P卡、WF卡、CD卡，或国外合作银行支付	Paypal、AllPay、PingPong、UM-PAY、Payoneer、PayEco	Paypal
卖家辐射区域	国内卖家	大陆主体、非大陆主体	国内卖家	全球14个站点	北美、中国	全球25个站点
买家辐射区域	北美和西欧	北美、非洲	以欧美、俄罗斯、乌克兰、南美等为主	欧美	欧美移动端	欧美
注册材料	1. 企业营业执照。 2. 法人代表和联系人手持证照。 3. 公司门头照	1. 三证合一的企业营业执照。 2. 法人代表和联系人手持证照	企业支付宝品牌认证企业服务年费	1. VAT增值税号。 2. 国际收费信用卡。 3. 当地站点开通的银行账户	1. 卖家个人身份证。 2. 第三方支付平台账号	Paypal账户

项目一　跨境店铺注册　19

续表

对比项目	敦煌网	TEMU	速卖通	亚马逊	Wish	eBay
绑定个人账户数量	一个企业的营业执照可绑定 10 个店铺	一个主体最多只能关联 20 个店铺	一个企业的营业执照可绑定 6 个店铺	一个身份只能注册一个店铺，一个店铺可以上任何类目的产品	一个身份只能注册一个店铺，一个店铺可以上任何类目的产品	一个 PayPal 账户添加 8 个 eBay 账户
是否允许个人身份入驻	允许	允许	不允许	允许	允许	允许

经过比较，考虑到公司初步试水，小李选择了门槛较低且费用不高的 TEMU 平台，准备下一步的入驻注册操作。

任务总结

本任务介绍了常见的跨境电商平台（如亚马逊、速卖通、敦煌网、eBay、Wish、TEMU 等）的特点和优势。同学们应掌握各电商平台在开店费用、赢利模式、收款方式、产品限制等方面的不同。请根据掌握的知识，完成表 1-3。

表 1-3　知识技能总结

类别	内容	学生总结	教师点评
知识点	亚马逊平台的特点		
	速卖通平台的特点		
	敦煌网平台的特点		
	eBay 平台的特点		
	Wish 平台的特点		
	TEMU 平台的特点		
技能点	各跨境电商平台现状调研		

任务 3　跨境电商网店注册

任务详情

小李结合自身公司情况，选定了入驻的跨境电商平台。平台入驻第一步是完成网店注册。小李知道，线下企业注册需要提供一些资料，那么线上平台开店，是否也需要提供相应的资料呢？其注册流程是什么？

任务分析

小李作为跨境电商专员，首先要根据选定的平台完成，登录平台首页，按照操作流程准备资料，一步步进行操作，完成网店注册。

相关知识点

一、亚马逊平台入驻流程

亚马逊平台主要通过两种渠道入驻，一种是自主注册入驻，另一种是通过招商经理入驻。

1. 自主注册

自主注册是通过亚马逊全球开店官方网站，直接提交申请，等待亚马逊审核资料，审核后会给用户邮箱发送相应的注册链接。用户在注册账户前，必须准备好相关资料，才能顺利完成账户注册。注册所需的资料如下：

（1）公司营业执照彩色扫描件。
（2）法定代表人身份证彩色扫描件。
（3）付款信用卡，可进行国际付款的信用卡（VISA 或者 MasterCard）。
（4）电子邮箱、电话号码、地址等联系方式。
（5）收款账户。常用的收款账户有 P 卡、连连、万里汇及亚马逊官方收款渠道等。

2. 招商经理渠道

招商经理渠道主要是通过招商经理提前审核用户提交的资料，及时发送注册链接到用户的邮箱后完成注册。注册完成后，用户会享受招商经理一年的扶持期，包括注册过程中遇到的问题及后期运营遇到的问题等。还会提供其他的一些福利，比如，协助用户申报秒杀活动、设计主图视频及 360 度产品展示等优质服务。

二、速卖通平台入驻流程

速卖通入驻需要企业营业执照、企业支付宝、商标资质等资料，具体入驻流程如下：

1. 开通账号

使用企业或个体工商户身份进行卖家账号注册，做好企业认证，提交入驻资料。入驻材料包含产品清单、类目资质、商标资质。值得注意的是，个别类目需要提供类目资质，审核通过后方可经营。若要经营商标，需提供商标资料，等待平台审核通过。若不要经营商标，可跳过这个步骤。

2. 缴纳年费/保证金

卖家应有指定缴纳保证金的支付宝账号，并保证其有足够的余额。平台将在卖家的

入驻申请通过后通过支付宝冻结相关金额，如果支付宝内金额不足，权限将无法开通。保证金根据所选的经营类目缴纳对应的年费。如果店铺经营多个类目（经营大类），则保证金为多个类目中的最高金额，不进行叠加。

3. 完善店铺信息

付费完成后，进入卖家后台—店铺—店铺资产管理设置店铺名称和二级域名（参考《速卖通店铺二级域名申请及使用规范》），若用户申请的是官方店，可以同步设置品牌官方直达及品牌故事内容。

任务实施

小李选择 TEMU 平台，开始进行注册操作。以下为注册流程：

1. 登入注册页面

登录卖家首页：https://seller.kuajingmaihuo.com/，单击"立即注册"按钮，进入注册页面，如图 1-8 所示。

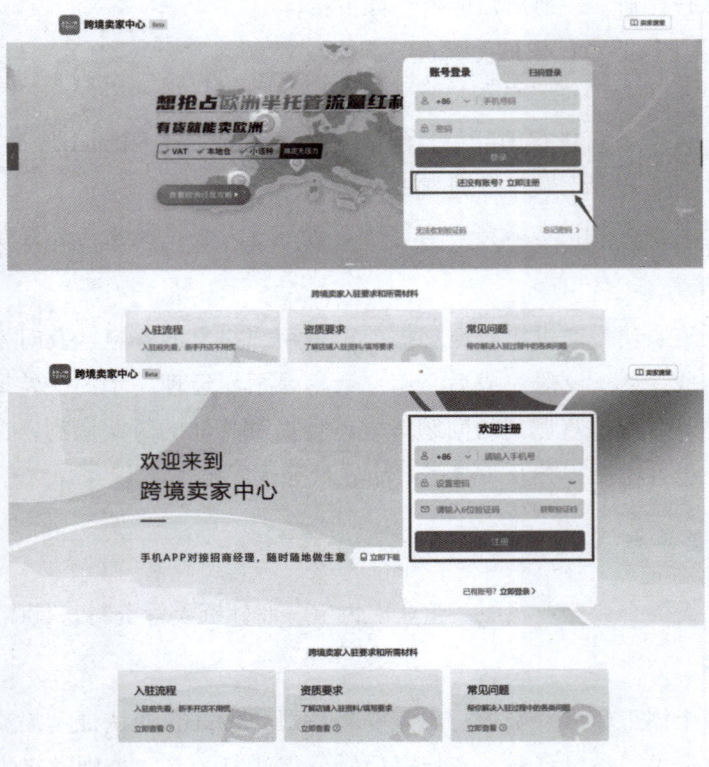

图 1-8　TEMU 注册入口

2. 完善入驻信息

按照页面提示，根据企业实际情况选择大陆主体入驻或者非大陆主体入驻，如图 1-9 所示。

大陆主体入驻需要根据实际经营情况，选择三种类型中的一种。无营业执照，想以个人身份开店的，可以选择个人店，如图1-10所示；有营业执照，想以个体工商户身份开店的，可以选择个体工商户，如图1-11所示；有营业执照，想以企业为主体开店，可以选择普通店，如图1-12所示。小李结合自身公司情况，选择大陆主体中的个人店入驻。

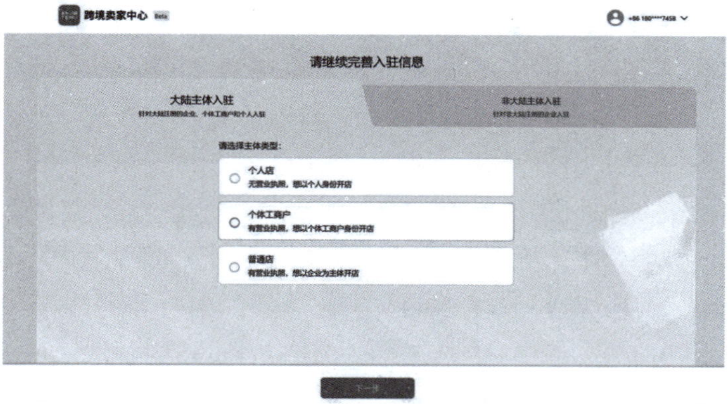

图1-9　入驻类型选择

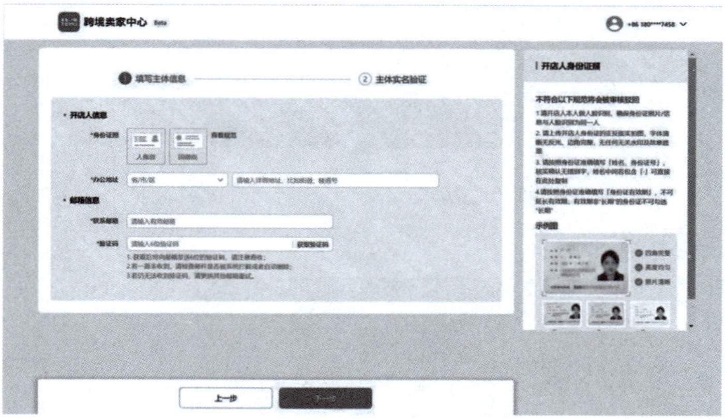

图1-10　个人店信息填写

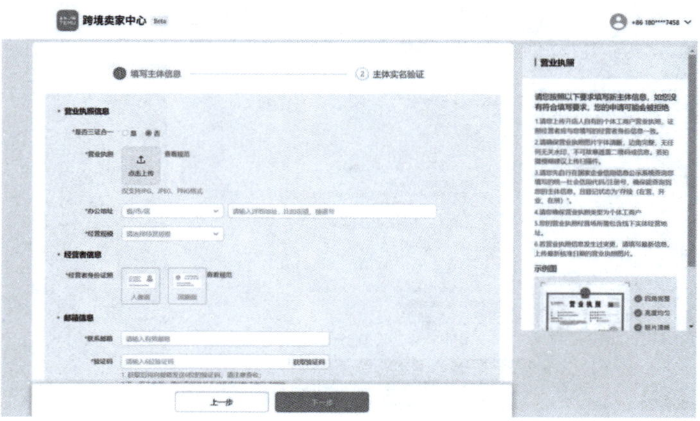

图1-11　个体工商户信息填写

项目一　跨境店铺注册　23

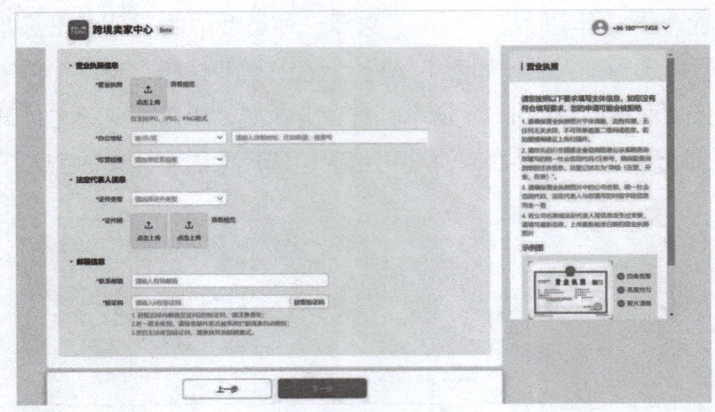

图 1-12　普通店信息填写

3. 完成《普通备货单发货规则》考试

注册完成后，按照页面提示，需要完成《普通备货单发货规则》考试，如图 1-13 所示，共包含 8 道多选题，正确回答 7 题及以上，考试通过；如果考试不通过，如图 1-14 所示，可以选择重新考试。这里需要注意的是，只有考试通过，如图 1-15 所示，才能进行店铺运营。

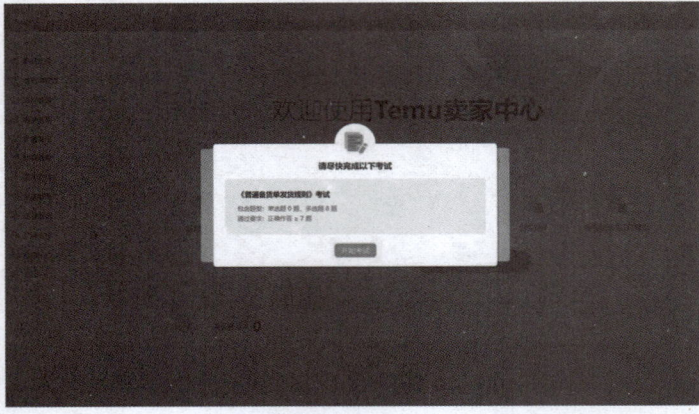

图 1-13　《普通备货单发货规则》考试页面

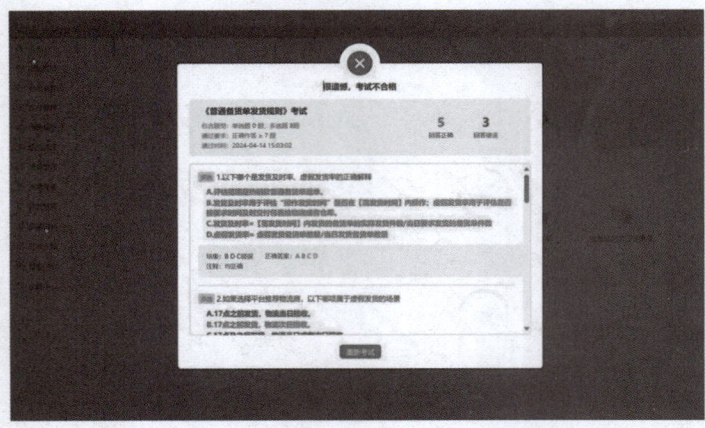

图 1-14　《普通备货单发货规则》考试不通过页面

24　跨境电商实务

图 1-15　《普通备货单发货规则》考试通过页面

任务总结

本任务介绍了出口跨境电商的类别，包括 B2B 类、B2C 类和第三方服务企业等，并以 TEMU 为例，介绍店铺注册。请根据掌握的知识，完成表 1-4。

表 1-4　知识技能总结

类别	内容	学生总结	教师点评
知识点	出口跨境电商的类别		
	跨境电商人才岗位的需求		
技能点	敦煌网店铺的注册		

【素养小课堂】

汉服出圈，中国文化出海

在 TikTok 等海外社交平台上，汉服的一抹亮色惊艳全球。据《新华日报》报道，有着数千年历史的中国传统汉服，近年来不仅受到中国年轻人的热烈追捧，也成为不少"老外"购物车里加购的商品。汉服不断吸引全球年轻人的目光，汉服爱好者数量和市场规模也在快速增长。亚马逊、eBay、速卖通等跨境电商平台上，汉服的价格从 15 美元到数千美元不等，满足了海外不同阶层的消费者。汉服宽松飘逸，舒适的穿着体验收获了众多好评。一些电商平台除了售卖汉服，也通过普及汉服知识，让海外消费者能够进一步了解汉服文化。

store.newhanfu 是一家专注于汉服购物的电商平台，拥有大批海外忠实消费者。与其他电商平台不同的是 store.newhanfu 在销售汉服的同时，也通过博客、社群的形式普及汉服知识。

该电商平台上的一篇博客介绍道："与其他国家的服饰不同，中国服饰具有独特的风格，深深植根于中国文化。汉服一般装饰物包括披帛、革带、佩带、发饰等，许多都带有精美的刺绣、珍珠等，就连箭袖、腰带等也都有讲究。这些不同的装饰和图案成为中

项目一　跨境店铺注册　25

国传统服装的显著特征之一。"

汉服在跨境电商中的破际出圈表明，外国消费者不再停留在对中国元素的猎奇心理，而是对东方美学、当代中国发展以及中国文化的一种认同，这也是我们大力弘扬文化出海的意义所在。借助海外社交媒体，通过一张张汉服这样的中国名片，推动中国文化走向世界。沿着这个方向，继续搭建国内外媒体矩阵，以视频、图文、论坛等多样形式，挖掘根植于民族文化背后共通的价值内核，形成兼具世界性和民族性的内容，最大限度实现跨文化传播。

（文章来源：澎湃新闻，https://www.thepaper.cn/news Detail_forward_18049826，汉服出圈，中国文化出海）

能力检测

素养拓展：开拓国际视野

一、单项选择题

1. 跨境电商未来的发展呈现什么趋势？（　　）
   A. 产业生态更为完善
   B. 产品品类和销售市场更加多元化
   C. B2C 占比提升，B2B 和 B2C 协同发展
   D. 上述都对

2. 跨境电商的英文名称是（　　）。
   A. Cross-border Commerce
   B. Cross-border Trade
   C. Cross-border Electronic Commerce
   D. Cross-border Communication

3. 目前我国国内最大的跨境电子商务平台是（　　）。
   A. 速卖通　　　　　　　　　　　　B. eBay
   C. Wish　　　　　　　　　　　　　D. 敦煌网

4. O2O 是（　　）的缩写。
   A. Online to Online　　　　　　　　B. Online to Offline
   C. Offline to Offline　　　　　　　　D. Offline to Online

5. 专注于移动端的跨境电商第三方平台是（　　）。
   A. 速卖通　　　　　　　　　　　　B. eBay
   C. Wish　　　　　　　　　　　　　D. 亚马逊
   E. 敦煌网

6. 在整个跨境电子商务中的比重最大，约占整个电子商务出口90%的是（   ）。

A. B2B
B. B2C
C. C2B
D. C2C

7. 以下不属于跨境电子商务出口平台的是（   ）。

A. 亚马逊
B. 速卖通
C. 拼多多
D. eBay

8. 关于Wish平台的发展历程，下列说法正确的是（   ）。

A. Wish平台最初创立时就是一家移动跨境销售平台
B. Wish平台目前未在中国设立办事处
C. Wish平台用户较为高端
D. Wish平台是北美和欧洲最大的移动电商平台

9. 下列属于出境跨境电子商务平台的是（   ）。

A. 天猫国际
B. 洋码头
C. 亚马逊海外购
D. 速卖通

10. 下列选项中按照交易主体来划分电子商务模式的是（   ）。

A. 外贸电商代运营服务商模式
B. 信息服务平台
C. B2B跨境电商或平台
D. 第三方开发平台

二、多项选择题

1. 跨境电商参与主体有（   ）。

A. 通过第三方平台进行跨境电商经营的企业和个人
B. 物流企业
C. 跨境电子商务的第三方平台
D. 支付企业

2. 跨境电商人员需要具备的素质有（   ）。

A. 了解海外客户网络购物的消费理念和文化
B. 了解相关国家知识产权和法律知识
C. 熟悉各大跨境电商平台的不同运营规则
D. 具备"当地化/本地化"思维

3. 和传统国际贸易相比，跨境电子商务呈现出传统国际贸易所不具备的特征，这些特征包括（   ）。

A. 多边化
B. 小批量
C. 高频度
D. 透明化
E. 数字化

4. 跨境电子商务呈现（　　）发展趋势。

A. 技术创新引领　　B. 社交电商融合　　C. 加深品牌化和品质化提升

D. 绿色可持续发展　　E. 全渠道营销与服务　　F. 跨境支付便捷化

5. 速卖通的特点有（　　）。

A. 可以用多个语种编辑产品

B. 拥有多个语言界面

C. 速卖通大学提供了丰富的课程

D. 产品品类非常齐全

三、判断题

1. 一般我们说的跨境电商是指广义的跨境电商，不仅包含 B2B，还包括 B2C 部分，不仅包括跨境电商 B2B 中通过跨境交易平台实现线上成交的部分，还包括跨境电商 B2B 中通过互联网渠道线上进行交易撮合线下实现成交的部分。（　　）

2. 跨境电商交易环节复杂（生产商–贸易商–进口商–批发商–零售商–消费者），涉及中间商众多。（　　）

3. 熟练运用外语和客户交流是无论哪个层次的跨境电商都需要具备的能力。（　　）

4. 跨境电商第三方平台主要有全球速卖通、Wish、敦煌网、eBay、淘宝等。（　　）

5. 在全球速卖通平台开店需要有一个实名认证的支付宝账户。（　　）

6. 跨境电子商务任何一笔交易都包含信息流、物流、资金流。（　　）

7. 据有关数据预测，亚太地区有可能成为全球跨境电商发展的主市场。（　　）

8. TEMU 是拼多多旗下的跨境电商平台，意为"Team Up，Price Down"，与国内名拼多多的意思相近，即买的人越多，价格越低。（　　）

四、案例分析

山东环球电子商务有限公司成立于 2015 年 6 月，是一家以全球零售为主的电商企业，致力于为全球消费者供应中国商品、为中国供应商提供全球零售的电商公司。现跨境电商专员李蕾需要在速卖通平台开通店铺，他应如何操作？若要在敦煌网开通店铺，他应如何操作？

知识巩固与拓展

一、知识巩固

1. 请以思维导图的形式，归纳整理本项目的知识体系。
2. 请选择 3~5 个核心关键词，表达本项目的主要知识点。

二、拓展

工作任务：将学生分组，每组4~6人，以小组成员的名义完成跨境店铺的注册。

项目评价标准

评价内容	配分	评分标准	得分
跨境电商概念	10	阐述跨境电商的概念（按0/2/5/7/10分评分）	
跨境电商的基本特征	10	阐述跨境电商的8个基本特征（按0/2/5/7/10分评分）	
跨境电商分类	10	按照交易主体分类（按0/2/3分评分），按照商品流向分类（按0/2/3分评分），按照运营模式分类（按0/2分评分），按照商品品类分类（按0/2分评分）	
跨境电商的基本模式	10	阐述跨境电商的基本模式（按0/2/5/7/10分评分）	
跨境电商与国际贸易	10	跨境电商与国际贸易的联系（按0/2/3分评分）与区别（按0/3/7分评分）	
认识各跨境电商平台	25	亚马逊（按0/2/5分评分）、敦煌网（按0/2/5分评分）、速卖通（按0/2/5分评分）、Wish（按0/2/5分评分）、eBay（按0/2/5分评分）	
跨境电商平台选择	10	对各跨境电商平台在12个方面进行比较（按0/2/5/7/10分评分）	
跨境电商网店注册	15	选择跨境电商平台进行注册（按0/4/6/8/10/12/15分评分）	
合计		100	

项目二　市场调研与选品

学习目标

知识目标

1. 熟悉跨境电商平台禁限售规则和知识产品规则，掌握其上架产品的选择标准及特点。
2. 熟悉海外消费者行为及其分析方法，掌握不同国家的假日、商业习惯和消费习惯。
3. 掌握跨境电商平台的选品趋势和上架产品的选择方法及技巧。
4. 掌握选品调研的一般方法，熟悉常用的平台数据分析工具和调研报告的写作方法。

技能目标

1. 能根据跨境电商规则和选品要求，对跨境电商平台品类进行调研，把握行业趋势，分析并选择符合自身要求的产品经营类别。
2. 能根据速卖通、亚马逊、TEMU等跨境电商平台的选品趋势，针对所选品类，利用跨境电商调研工具进行细化选品，定位单品。
3. 针对所定单品，能使用竞品工具对其进行深入选品分析。

素养目标

1. 熟知国家有关法律法规和跨境电商平台政策规则，形成规则意识和守法意识。
2. 形成成本意识、风险意识和责任意识，有效控制采购和运营成本，防范经营风险，养成善于动脑、勤于思考的学习习惯，以敢于尝试、勇于试错的创新创业精神，更好地服务企业。
3. 在互联网环境下，善于将不同行业、互联网与跨境电商相结合，保持产品技术创新，结合特定场景开发和应用大数据分析技能。
4. 学会甄别使用网络信息资源和各种跨境电商第三方服务平台工具，不做有违《中华人民共和国电子商务法》《中华人民共和国网络安全法》的任何事情。

工作项目

业务背景

跨境电商专员小李在完成平台店铺注册后,陷入了新的迷茫:跨境电商行业蓬勃兴起,自己公司规模较小,在竞争激烈的红海市场中,如何才能选定最适合的产品进行销售?经理建议小李多了解速卖通、亚马逊、TEMU 等平台的选品规则,把握行业趋势,才能分析并选择符合自身要求的产品经营类别。

任务 1　认识禁选产品

任务详情

目前,我国很多优秀的企业已经通过跨境出口走向了全球,但是在发展的过程中,也出现了很多问题。由于从事跨境电商出口的很多企业是基于第三方平台销售,面对的客户来自不同的国家和地区,为了维护买卖双方的权益,第三方平台对于商品会有一定的规则,不同的平台规则也不尽相同。在进行跨境选品之前,帮助小李了解跨境电商平台选品规则。

任务分析

小李接到任务后,先登录跨境店铺,找到 TEMU 平台的选品规则,并认真阅读。

相关知识点

一、跨境电子商务相关法律法规

2018 年 8 月 31 日,十三届全国人大常委会第五次会议表决通过《中华人民共和国电子商务法》(以下简称《电子商务法》)。2019 年 1 月 1 日,《电子商务法》正式实施。《电子商务法》是我国电商领域的首部综合性法律。

《电子商务法》第二条规定,"中华人民共和国境内的电子商务活动,适用本法。本法所称电子商务,是指通过互联网等信息网络销售商品或者提供服务的经营活动。"这条表明我国境内的电子商务经营者(个人或电商企业)帮助消费者从境外采购商品等跨境电子商务活动,同样适用《电子商务法》,即我国消费者通过境内电子商务经营者从境外购买商品等电子商务活动的,可以按照我国涉外民事法律关系适用法律、法规,也可适用本法关于消费者保护的相关规定。

项目二　市场调研与选品　31

在《电子商务法》中，第二十六条、第七十一到七十三条都提到了跨境电子商务。《电子商务法》第二十六条规定，"电子商务经营者从事跨境电子商务，应当遵守进出口监督管理的法律、行政法规和国家有关规定。"这条主要针对商品投诉率高，同时缺乏有效监管的情况。这条规定明确了跨境电商无论何种模式，都必须遵守进出口以及国内法律，这也为跨境电子商务的发展提供了法律保障。

《电子商务法》第七十一条规定，"国家促进跨境电子商务发展，建立健全适应跨境电子商务特点的海关、税收、进出境检验检疫、支付结算等管理制度，提高跨境电子商务各环节便利化水平，支持跨境电子商务平台经营者等为跨境电子商务提供仓储物流、报关、报检等服务。国家支持小型微型企业从事跨境电子商务。"这条规定表明了国家对促进跨境电子商务发展的支持，随着跨境电子仓储物流、报关、报检等服务的加强，跨境电子商务尤其是小型微型企业将会得到更大的发展。

《电子商务法》第七十二条规定，"国家进出口管理部门应当推进跨境电子商务海关申报、纳税、检验检疫等环节的综合服务和监管体系建设，优化监管流程，推动实现信息共享、监管互认、执法互助，提高跨境电子商务服务和监管效率。跨境电子商务经营者可以凭电子单证向国家进出口管理部门办理有关手续。"《电子商务法》第七十三条规定，"国家推动建立与不同国家、地区之间跨境电子商务的交流合作，参与电子商务国际规则的制定，促进电子签名、电子身份等国际互认。国家推动建立与不同国家、地区之间的跨境电子商务争议解决机制。"

从这两条规定可以看出国家对跨境电子商务进出口发展的支持。有了政策的支持，我国跨境电子商务的监管效率不断提高，跨境电子商务行业的发展会更加繁荣。

二、认识禁限售产品

每个平台都有禁限售规则，入驻某个平台，一定要学习该平台的禁限售规则。有些产品平台禁止售卖，有些产品平台限制售卖。

所谓禁止销售的产品，就是指跨境电商平台禁止售卖的产品，这些产品违反国家政策和法律法规、国外进口政策或销售政策，不能在平台售卖。如危险品，所有的电商平台都不会允许这样的产品存在。在亚马逊平台，除了危险品之外，液体类产品同样不能够上传，如洗衣液、洗手液等，都是平台明令禁止的。不能上传粉末状产品，因为相对来说，粉末状产品包含的不稳定性因素太高，所以这些产品最好不要触碰。即使有订单，跨境物流公司一般也不愿意承运这样的小订单包装产品。

所谓限制销售的产品，是指需要取得商品销售的前置审批、凭证经营，或授权经营等许可证明，才可以发布的产品。如敦煌网，一类和二类医疗器械、食品饮料等产品，卖家须将已取得的合法许可证明提前提交至敦煌网授权邮箱进行审核，审核通过后，方可发布。

以速卖通平台为例，速卖通平台禁限售产品如表2-1所示，表中是速卖通禁限售违禁产品及其违规与处罚举例，卖家销售《速卖通禁限售违禁信息列表》所列产品，将会受到平台的处罚。严重违规，最高扣除 48 分，平台将关闭店铺，并波及关联账号。

表 2-1 速卖通禁限售产品及其处罚举例

产品	违规与处罚
（一）毒品、易制毒化学品及毒品工具	
1. 麻醉镇定类、精神药品、天然类毒品、合成类毒品、一类易制毒化学品	严重违规，最高扣除 48 分
2. 二类易制毒化学品、类固醇	一般违规，6 分/次
3. 三类易制毒化学品、类固醇	一般违规，2 分/次
4. 毒品吸食、注射工具及配件	一般违规，2 分/次
5. 帮助走私、存储、贩卖、运输、制造毒品的工具	一般违规，2 分/次
6. 制作毒品的方法、书籍	一般违规，1 分/次
（二）危险化学品	
1. 爆炸物及引爆装置	严重违规，最高扣除 48 分
2. 易燃易爆化学品	一般违规，6 分/次
3. 放射性物质	一般违规，6 分/次
4. 剧毒化学品	一般违规，6 分/次
5. 有毒化学品	一般违规，2 分/次
6. 消耗臭氧层物质	一般违规，1 分/次
7. 石棉及含有石棉的产品	一般违规，1 分/次
8. 烟花爆竹、点火器及配件	一般违规，0.5 分/次
（三）枪支弹药	
1. 大规模杀伤性武器、真枪、弹药、军用设备及相关器材	严重违规，最高扣除 48 分
2. 仿真枪及枪支部件	一般违规，6 分/次
3. 潜在威胁工艺品类	一般违规，2 分/次
（四）管制器具	
1. 刑具及限制自由工具	一般违规，6 分/次
2. 管制刀具	一般违规，6 分/次
3. 严重危害他人人身安全的管制器具	一般违规，6 分/次
4. 一般危害他人人身安全的管制器具	一般违规，2 分/次
5. 弩	一般违规，0.5 分/次

备注：以上表格所列产品及违规与处罚出自《全球速卖通禁限售违禁信息列表》，版本时间 2018 年 1 月 12 日。

三、容易侵权的产品

跨境电商平台严禁用户未经授权发布、销售涉嫌侵犯第三方知识产权的商品。若卖家发布、销售涉嫌侵犯第三方知识产权的商品，则有可能被知识产权所有人或者买家投诉，平台也会随机对商品（包含下架商品）信息、产品组名进行抽查，若涉嫌侵权，则信息会被退回或删除。

如速卖通平台，根据侵权类型执行处罚，严重违规，最高扣除 48 分，平台关闭店铺。被关闭的店铺会波及账号关联。全球速卖通知识产权规则如表 2-2 所示。

表 2-2　全球速卖通知识产权规则

侵权类型	定义	处罚规则
商标侵权	严重违规：未经注册商标权人许可，在同一种商品上使用与其注册商标相同或相似的商标	三次违规者关闭账号
	一般违规：其他未经权利人许可使用他人商标的情况	1. 首次违规扣 0 分。 2. 其后每次重复违规扣 6 分。 3. 累达 48 分者关闭账号
著作权侵权	未经权利人授权，擅自使用受版权保护的作品材料，如文本、照片、视频、音乐和软件，构成著作权侵权。 实物层面侵权： 1. 实体产品或其包装被盗版。 2. 实体产品或其包装非盗版，但包括未经授权的受版权保护的内容或图像。 信息层面信息： 1. 图片未经授权被使用在详情页上。 2. 文字未经授权被使用在详情页上	1. 首次违规扣 0 分。 2. 其后每次重复违规扣 6 分。 3. 累达 48 分者关闭账号
专利侵权	外观专利、实用新型专利、发明专利的侵权情况（一般违规或严重违规的判定视个案而定）	1. 首次违规扣 0 分。 2. 其后每次重复违规扣 6 分。 3. 累达 48 分者关闭账号 （严重违规情况，三次违规者关闭账号）

一、TEMU 平台禁发产品

TEMU 禁发商品及信息包括但不限于以下名录内容以及不时地根据适用法律法规、监管要求及 TEMU 自身规定补充、删减及/或修改的其他内容，具体以 TEMU 实际管理要求或相关系统页面告知为准。

1. 枪支、弹药、军火、武器、管制器具类

1.1 枪支、弹药、军火；

1.2 仿真枪支、仿真弹药、仿真军火类商品及其仿制品的衍生工艺品；

1.3 枪支、弹药、军火的零部件、相关器械、配件、附属产品及其制作方法；

1.4 管制类刀具；

1.5 可致使他人暂时失去反抗能力，对他人身体造成重大伤害的管制器具；

1.6 弓弩配件及用于狩猎或杀伤性目的的箭头等可能用于危害他人人身安全的管制器具。

2. 易燃易爆、危险化学品、毒品及相关工具类

2.1 易燃易爆物品等；

2.2 介绍制作易燃易爆品方法的相关教程、书籍；

2.3 毒品及毒品衍生品、制毒原料、制毒化学品及致瘾性药物；

2.4 含罂粟、大麻的食品、调味品、护肤品等制成品；

2.5 吸毒工具、配件及介绍制作毒品的相关方法及信息；

2.6 含有涉毒信息的商品或服务；

2.7 适用法律法规禁止生产、经营、使用的危险化学品、消耗臭氧层物质、放射性物质、射线装置及有害或危险物质。

3. 危害国家安全、违反公序良俗等的商品及信息类

3.1 宣传国家分裂、破坏国家统一、危害国家安全或利益、破坏国家政治稳定、煽动颠覆国家政权等的商品及信息；

3.2 宣扬恐怖主义、极端主义、煽动民族仇恨、破坏民族团结等的商品及信息；

3.3 涉及种族、性别、宗教、地域等歧视性或侮辱性信息；

3.4 违背社会道德、公序良俗、人道主义精神等的争议性、冒犯性或敏感性商品及信息；

3.5 含有政治色彩的相关商品及信息。

4. 药品、医疗器械类

4.1 假药、劣药及其他根据适用法律法规禁止出售的药品；

4.2 含违禁成分的减肥药、保健品等；

4.3 麻醉药品、精神药品、医疗用毒性药品、放射性药品；

4.4 仅可销售给特定机构的医疗器械，以及易对人体造成伤害的医疗器械；

4.5 采用超声波技术用于除皱及/或塑身的产品；

4.6 非侵入式血糖监测设备（美国市场）；

4.7 未经主管部门批准生产、进口或未经检验即销售的医疗器械。

5. 色情低俗、暴力的商品及信息类

5.1 涉及兽交、性虐、乱伦、强奸及儿童色情相关信息；

5.2 含有色情淫秽内容的音像制品及视频、色情陪聊服务、成人网站论坛的账号及邀请码；

5.3 含有真人、假人、仿真器官等露点及暴力图片；

5.4 原味内衣及相关商品；

5.5 宣传血腥、暴力及不文明用语。

6. 军用、警用等国家机关相关用品类

6.1 军用、警用、其他国家机关部门的服饰配件及其仿制品、大型徽章及其仿制品；

6.2 军用、警用的设备制品及其仿制品；

6.3 不当使用军用、警用及其他国家机关部门标志、人员名义和人员形象进行宣传的商品及信息；

6.4 军需、国家机关专供、特供等商品。

7. 侵犯和泄露隐私类

7.1 用于侵害信息或数据的软件、设备及相关服务；

7.2 黑客相关的软件、工具、教程类商品及服务；

7.3 用于非法摄像、录音、取证、窃听窃照的设备、软件及相关服务。

8. 作弊、骚扰他人、赌博等非法所得及非法用途类

8.1 非法所得的商品；

8.2 用于作弊的工具类商品及服务；

8.3 用于骚扰他人的工具类商品及服务；

8.4 赌博、博彩类商品及服务；

8.5 非法用途工具（如盗窃工具、开锁工具、银行卡复制器）。

9. 非法服务类

9.1 政府机构颁发的文件、证书、公章、勋章、身份证及其他身份证明文件，用于伪造、变造相关文件的工具、主要材料及方法；

9.2 单证、票证、印章、政府及专门机构徽章；

9.3 金融证件、银行卡，用于伪造、变造相关的工具、主要材料及方法；洗黑钱、非法转让、非法集资；

9.4 个人隐私信息及企业内部数据；提供个人手机定位、电话清单查询、银行账户查询等服务。

10. 收藏类

10.1 货币、金融票证，明示或暗示用于伪造、变造货币、金融票证的主要材料、工具及方法；

10.2 虚拟货币（如比特币）；

10.3 金、银和其他贵重金属；

10.4 国家保护的文物、化石及其他收藏品。

11. 捕杀工具、活体动植物类

11.1 重点和濒危保护动物活体、身份部分；公益保护动物；动物捕杀设备（塑化、

剥皮服务、电捕机、捕兽夹、猫狗脱毛机），以及以上动物制品；

11.2 重点和濒危保护植物、地域性保护植物、保护植物标本及以上植物制品；

11.3 植物种子；

11.4 活体动植物及其制品。

12. 烟草和烟草制品类

12.1 烟草或任何含有烟草的产品；

12.2 电子烟及相关产品；

12.3 无烟烟草制品；

12.4 尼古丁吸入器或鼻喷雾剂；

12.5 带有卷烟或无烟烟草品牌或标志的产品。

13. 有潜在安全问题的商品

13.1 儿童抽绳上衣；

13.2 有线百叶窗、窗帘；

13.3 带衬垫的婴儿床围、有支撑和无支撑的乙烯基缓冲垫护罩以及垂直婴儿床板条盖；

13.4 婴儿倾斜睡眠产品；

13.5 侧边婴儿床；

13.6 作为娱乐玩具（如益智游戏、雕塑制作、精神刺激或减压）或面向儿童销售的磁铁/磁铁套装；

13.7 婴儿口罩或婴儿佩戴口罩的图片；

13.8 新奇打火机，例如卡通人物、玩具、枪支、手表、车辆等形状的打火机；

13.9 吸水珠、果冻珠、吸水球、水球、聚合物珠、凝胶珠以及相关信息；

13.10 带金属部件的风筝，或用于风筝大战的风筝/风筝线；

13.11 天灯、浮灯、飞灯、孔明灯；

13.12 儿童颈部充气漂浮；

13.13 水上步行球；

13.14 汽车加热坐垫、纯织物汽车座椅。

14. 不符合环保法规要求的商品

14.1 一次性塑料产品，例如餐具、盘子、吸管等；

14.2 化学品，例如农药、化肥等。

15. 其他

根据适用法律法规规定禁止发布、销售的其他商品及/或相关信息。

二、TEMU平台容易侵权的产品

TEMU平台知识产权指引页面如图2-1所示，其中明确规定："卖家朋友有责任确保店铺和商品（包括所有商品信息）没有侵犯任何第三方的合法权益包括知识产权。在 TEMU 平台发布店铺/商品信息时，如您对知识产权侵权有任何疑问，请先征求专业人士或专家的意见或建议。除非事先提供合法权利证明，卖家朋友不准出售涉及第三方知识产权（包括但不限于本页列举之知识产权）的商品或在店铺或商品信息中包含该些知识产权（包括与之相似的文字或图片）。"并列出常见的第三方知识产权，明确指出，如发生清单以外的知识产权侵权事件，TEMU 会采取商品禁售、下架等处理措施。

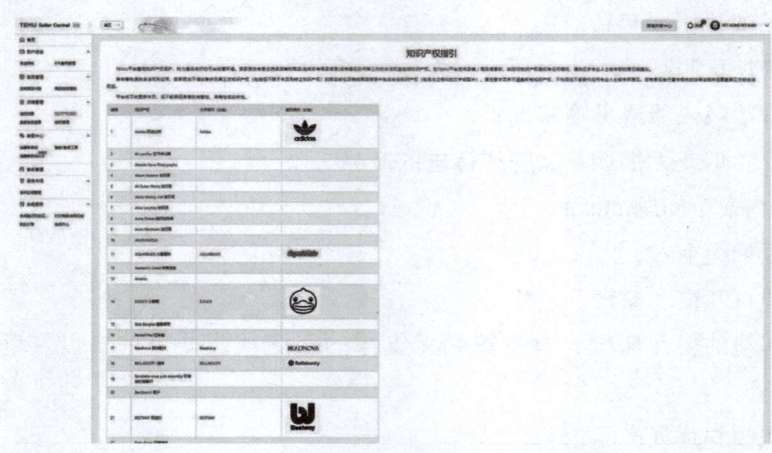

图 2-1　TEMU 平台知识产权指引页面

任务总结

本任务介绍了跨境电商的相关法律法规以及常见的跨境电商平台的禁限售规则、知识产权相关规定。请根据掌握的知识，完成表 2-3。

表 2-3　知识技能总结

类别	内容	学生总结	教师点评
知识点	跨境电商平台禁限售规则		
	跨境电商平台知识产权侵权处理方式		
技能点	能够查询不同跨境平台的禁限售及知识产权规则		

任务 2　目标市场分析

任务详情

由于地理位置、历史文化等因素，全球 200 多个国家和地区买家的文化背景、生活习惯、购买习惯都存在差异，同一款商品不可能适合所有的买家。所以在选品之前，需要了解目标市场的买家需求。请结合宠物用品在全球的销售情况，帮助小李分析并选择目标市场。

任务分析

小李要了解宠物用品在全球的销售情况，需要通过查阅国内宠物行业相关网站、宠物行业调研报告及新闻报道等途径，去了解我国宠物用品的主要出口国家和地区及消费增长较快的国家和地区。

相关知识点

市场分析是对市场规模、位置、性质、特点、市场容量及吸引范围等调查资料所进行的经济分析，主要目的是研究商品的潜在销售量，开拓潜在市场，安排好商品地区之间的合理分配，以及企业经营商品的地区市场占有率。

在进行目标市场分析时，首先需要考虑消费群体这个最重要的因素。目标消费群体可以从年龄、性别、职业等基础属性、心理属性、消费属性三个方面进行选择。但是具体到每个国家（地区），消费者的偏好又有所不同。

一、海外主流市场分析

（一）美国市场

1. 美国市场接纳性强

美国是一个移民国家。美国人大多来自不同国家与地区，是不同民族的移民或是他们的后裔。他们有着不同的文化传统和风俗习惯，美国人口结构的多元化决定了美国消费品市场的多样化。在美国的移民，既习惯于使用本民族及传统的商品，也对世界上其他民族的商品有着好奇心与新鲜感，因此，美国大众消费者对市场上各种商品的接纳性很强。

知识拓展：海外市场调研步骤

2. 美国市场销售季节性强

美国消费品市场对各种商品的需求均有较强的季节性，通常分春季（1—5月）、夏季（7—9月）和节日季（11—12月）。每个季节都有商品换季的销售高潮，如从感恩节（11月底）开始便是美国人冬季购物的旺季，特别是圣诞节，是美国商品全年销售旺季，通常要占全年销售额的三分之一。美国进口商进口订货均是根据其国内销售季节来组织的，因此，如错过销售季节，这些商品就难以销售，意味着这一年度退出美国市场，甚至被竞争对手长时间排除在市场之外。此外，美国有许多节日，如情人节、母亲节就是商家销售礼品的良机。美国作为移民大国，各个民族都有自己不同的传统节日，这些传统节日也就形成了为数众多的消费市场，商家往往都想方设法利用这些传统节日来促销。

（二）俄罗斯市场

俄罗斯电商用户中，以 25~44 岁的消费者为主，占比 52.8%，其中 55% 为女性，中高收入用户占据三分之二，中等收入用户占比 35.5%，高收入用户占比 34.3%。他们的消费特点如下：

1. 追求性价比

追求物美价廉是俄罗斯人最普遍的消费心理。据统计，64% 的俄罗斯消费者的单笔订单金额不超过 30 美元。很多俄罗斯人在购买商品时不会为了低价而忽视商品质量，也不会一味追求奢侈而不考虑价格。高性价比、经济耐用的国内外商品日益受到广大俄罗斯消费者的青睐。

2. 渴望个性化

俄罗斯消费者还有一个显著的特点就是喜欢个性化。据统计，如果商家根据俄罗斯消费者以前的购买情况展示类似的产品、个性化的购物车页面，或者是提供个性化的优惠，那么他们会获得更高的转化率（平均 10%）。

3. 品牌忠诚度高

俄罗斯消费者的品牌忠诚度非常高，一旦他们尝试并喜欢了某一品牌，他们就会非常忠诚，因此在品牌宣传上多花功夫非常重要。

4. 偏好在母语网站上购买商品

俄罗斯人更倾向于在俄语网站购买商品，因为母语可以帮助他们更好地阅读和理解商品信息。

此外，俄罗斯季节温差较大，营销的季节性很强。

（三）西欧市场

西欧主要包括比利时、法国、爱尔兰、卢森堡、摩纳哥、荷兰、英国、奥地利、德国和瑞士等。西欧国家的买家普遍特点是非常追求质量和实用主义，讲究效率，关注细节，所以对产品的要求很高，并且会很认真地查看产品的详细描述。

1. 德国

德国是欧洲最大的经济体、西欧人口最多的国家，也是欧洲最大的消费市场所在地。德国电子商务在 2021 年经历了强劲增长，每年有 6 500 万人（占德国人口的 80%）定期在线购物，网上购物支出比欧盟人的平均水平还要高，并且德国人喜欢及习惯网购，购物习惯较好。

（1）追求较高的性价比。

德国消费者希望商家可以以最低的价格提供最好的质量。这也是德国消费者爱好价格比较网站的原因，德国消费者在购物之前都会进行全面的研究，包括评价、价格、口碑等。

（2）追求较高的社会地位。

工作上的成就在很大程度上建立了德国人的自尊心，社会地位可以表现在汽车、手表等产品上。所以德国消费者同样也希望自己购买的产品是在同类产品中最好的,所以如果商家在构思营销活动时,注重这一点也非常有必要。

(3) 品牌忠诚度较高。

一旦德国消费者信任一个品牌,他们再次购买相同产品的可能性就会增加一倍。一般来说,德国人非常有纪律性和克制,他们有强烈的储蓄和投资倾向,而不是放纵。一些消费者愿意为质量更好的产品支付溢价,但另一些消费者可能对价格高度敏感。

2. 英国

英国是贸易大国,与欧盟其他国家相比,英国的电商零售占比则是其他欧盟国家平均水平的两倍,目前英国的电商渗透率和电商销售占社交零售比例在全球排名较高。英国电商销售额靠前的品类有服饰、体育用品、家居用品、玩具和旅游度假产品等。英国消费者的特点主要有以下几个方面:

(1) 家居用品需求高。

家居用品在电商销售中排名第二,因为英国人装修房子的频率特别高,所以会带动各类家居配套产品的采购。

(2) 网购频率高。

英国消费者平均每个月网购六次,从年龄来看,25~34岁是团购主力军,平均每月网购八次。

(3) 网购要求高。

从产品的外观到品质要求都很高,大多英国跨境线上购物者认为清楚地看到配送和退货的信息,购物会更加方便,好的配送体验会让他们再次购买这个供应商的商品。

二、行业调研途径

行业调研可以从两个层面展开。

从全球角度看,需要了解产品在哪里热度最高、销售量最大,主要的市场在哪里等,可以通过谷歌全球商机通、谷歌趋势(Google Trends)等工具直接找到相关信息。

从区域市场角度看,需要了解产品主要的销售市场、畅销的区域、目标市场产品结构、市场饱和度、行业是否有垄断性等。可以通过数据网站、调研报告、新闻报道等途径了解。我们可以通过行业市场研究报告来了解市场规模、增长率和趋势。除了国内行业相关网站和公众号之外,以下是一些可靠的行业信息的主要来源:

1. 尼尔森(Nielsen)

尼尔森是全球著名的市场调研公司,创始于1923年,专注于受众测量、数据和分析,可根据客户的具体需求来定制调查方案,已向全球超过100个国家的客户提供市场动态、消费者行为、传统和新兴媒体监测及分析服务。

2. 皮尤研究中心(Pew Research Center)

皮尤研究中心是美国的一家独立性民调机构,成立于2004年,总部设于华盛顿特区。该中心向公众介绍美国乃至世界的问题、态度与潮流。

3. MarketResearch.com

MarketResearch.com 是有关产品市场、公司、行业与国家或地区的市场研究报告和行业分析的领先提供商，其首页如图 2-2 所示。

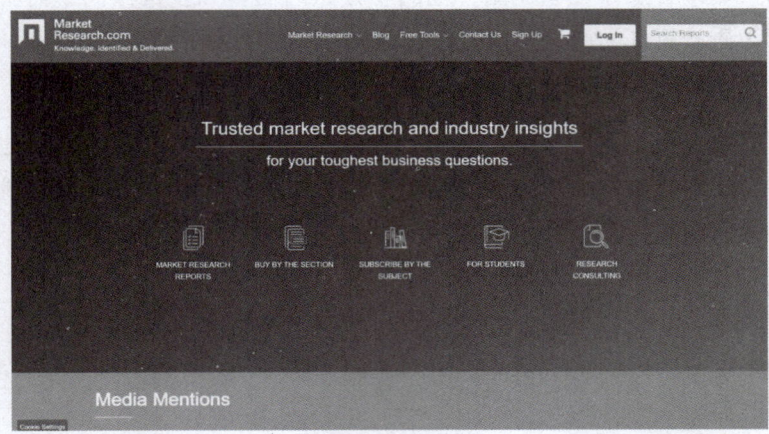

图 2-2　MarketResearch.com 首页

三、海外市场调研工具

1. 谷歌全球商机通

谷歌全球商机通是谷歌在 2018 年 3 月上线的一款免费营销工具，它主要面向出口企业，提供给企业全球范围内同行业的各种数据和市场信息。全球商机通将行业划分为 16 大类，其中每个大类还会再细分成几个小类。我们可以直接从搜索框中输入本行业进行查看，也可以通过产品分类来查找同行及相关行业。通过这个工具，企业可以对想要出口的国家的经济、人口、消费习惯等进行深入的了解和调研，为企业寻找目标市场提供一个更准确的依据。

知识拓展：海外市场调研工具

2. Google Trends

Google Trends 是谷歌基于搜索数据推出的一款分析工具。它通过分析谷歌搜索引擎每天数十亿的搜索数据，告诉用户某一关键词或者话题各个时期下在谷歌搜索引擎中展示的频率及其相关统计数据。

任务实施

小李的公司是经营宠物用品的，通过查阅国内宠物行业相关网站、宠物行业调研报告及新闻报道等途径，找到了 2024 年跨境电商宠物用品市场洞察报告。报告显示，从全球热门地区来看，宠物用品的北美市场最大，亚太地区增速最快。

从地域分布上看，宠物市场主要分为北美、欧洲、亚太、拉丁美洲、中东以及非洲地区。其中,北美地区是全球最大的宠物市场,市场份额约占43%;欧洲是第二大地区,拥有大量与宠物店和相关的基础设施保障。随着经济的快速扩张和可支配收入的增加,亚太地区是宠物市场增速最快的地区;拉丁美洲拥有先进的水产养殖设备和生产技术,因此在国际宠物市场上该地区在水生宠物及相关设备的生产和销售方面占有一定的份额;中东以及非洲地区的宠物行业尽管仍处于起步阶段,但也具有一定的增长规模。

调研数据显示,狗是最广泛的宠物类型。截至2023年,美国估计有6 510万户家庭至少拥有一只狗,狗成为目前美国拥有最广泛的宠物类型;猫和淡水鱼排在第二和第三位,分别有约4 650万和1 110万户家庭拥有此类宠物。

因此,结合公司的现状,小李打算将美国作为目标市场。

任务总结

本任务介绍了海外主流市场分析、行业调研途径以及常用的海外调研工具等。并以宠物用品为例,进行了海外市场调研,选择了目标市场。请根据掌握的知识,完成表2-4。

表2-4 知识技能总结

类别	内容	学生总结	教师点评
知识点	海外主流市场分析		
	行业调研途径		
	海外市场调研工具		
技能点	能够利用国内外相关网站查询某行业企业发展趋势		

任务3 数据化选品

任务详情

结合自身公司情况,公司主要经营猫、狗的香波、除臭剂、洗耳液等宠物用品,小李选择了宠物用品类产品。但是宠物用品种类过多,小李在进行细化选择时再次犯难。经理认为,细化经营品类,应当参考具体数据,利用数据进行选品决策,小李深以为然。请帮助小李在TEMU平台了解宠物用品行业的订单和浏览情况,细化经营品类,选择单品。

知识拓展:
数据化选品思路

任务分析

小李接到任务后,开始探索数据化选品的方式方法,以便能够运用合适的数据分析工具进行选品。

项目二 市场调研与选品 43

跨境电商平台的运营理念是"七分选品，三分运营"，可见选品的重要性。选品是做好一个店铺的基础，是赚取利润的第一步，一旦选品错误，产品上架之后就很难推广，不仅浪费时间，还会面临滞销的问题。卖家选品，一般会借助跨境电商平台和其他一些网站，通过数据分析与对比进行选品。

一、站内数据选品

我们要学会看跨境电商平台前台产品数据和后台数据，借助跨境电商平台数据分析，对有意向的小类目做进一步分析。例如速卖通平台，可以根据选品专家数据分析选出合适的细分小类目。

知识拓展：
数据化选品方法

站内数据分析的优势主要有以下几方面：

1. 准确性较高

跨境电商平台一般会通过数据板块给卖家一些关于市场的基本数据，平台数据对市场容量的判断很准，还能辅助时间维度给出市场趋势的变化和其他的一些特点。如果能利用平台数据，可以直接判断旺季开始的时间和结束的时间。那么备货节奏就可以根据这个时间节点倒推出来，避开供应商旺季提前备料，甚至在淡季生产以降低产品成本，充分利用淡季多发海运，进一步压低产品成本，提高产品的竞争力和赢利能力。

2. 洞悉用户需求

在跨境电商前台买家对产品的评论中，我们可以直观地感受到哪些产品是客户喜欢的，喜欢的点在哪里，希望改进的点在哪里。根据客户的评价，可以改进自己的产品，利于准备待发布的产品信息和优化已经上架的产品。

3. 降低运营风险

跨境电商平台市场体量明确，能大致预估出市场容量的大小，可根据产品的特性大致判断供应链和运营投入，降低资金与库存风险，从而降低运营风险。

二、站外数据选品

我们除了借助跨境电商平台进行数据选品，还可以登录一些跨境电商数据分析网站进行数据选品。常用的数据分析网站主要有以下几个：

（1）谷歌指数（trends.google.com），可以通过观察谷歌趋势进行选品。谷歌趋势类似于国内的百度指数，可以看到一个关键词全球搜索趋势，用以分析和预测产品的前景。

（2）作为第一批跨境电商平台，eBay无疑是我们最为重要的参考对象。Watcheditem工具可以查看eBay大类目下，TOP产品的销售价格和购买人数。

（3）速卖通是针对俄罗斯、美国、法国、西班牙、巴西等国的热卖网站，通过第三方跨境电商数据分析工具，可以全方位地了解产品在速卖通的经营数据、评价指数和价格波动情况。

（4）极鲸云数据和特喵数据是针对 TEMU 平台的站外数据分析工具，通过这些工具可以全方位地了解产品在 TEMU 平台的经营数据、销量趋势、价格等信息。

任务实施

小李登录特喵数据，通过后台数据来查看小李选择的宠物用品类下各具体类目的经营数据。

第一步，打开 https://a.menglar.com/temu360/，登录特喵数据，这里要注意的是，首次登录的用户，需要先单击右上角的"免费注册"按钮，注册以后再单击"登录"按钮进行登录，如图 2-3 所示。

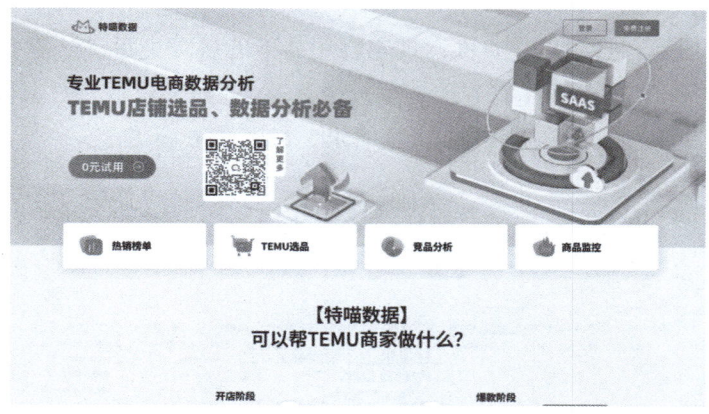

图 2-3　特喵数据登录页面

第二步，单击"商品分析"下拉箭头，如图 2-4 所示。

图 2-4　特喵数据登录后页面

第三步，单击"选品库"选项，页面出现选品的各种品类，如 CD 和黑胶唱片、办公用品、宠物用品、家电、电子、工业和科学等品类。小李选择的是宠物用品，所以这

项目二　市场调研与选品　45

里我们单击"宠物用品"选项，如图2-5所示。

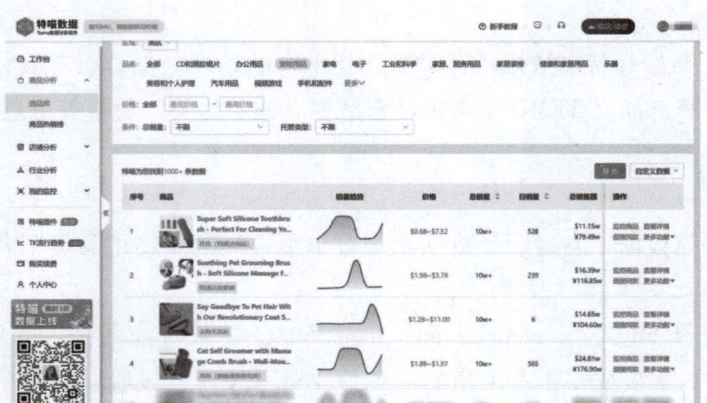

图2-5 特喵数据宠物用品

单击"宠物用品"选项后，页面出现宠物用品下的各级类目，这里我们选择"猫用品"或者"狗狗用品类"，选择"狗梳理美容用具"，看到宠物用品的销量在10万以上，单品的日销量为528，比较符合目前的市场需求，如图2-6所示。

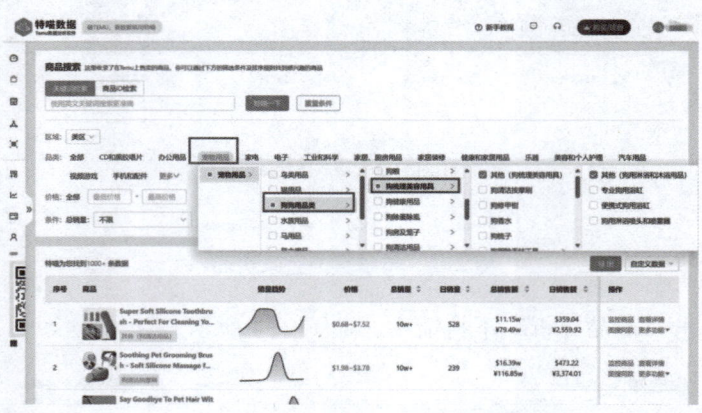

图2-6 特喵数据宠物用品销量

接下来，我们单击"宠物用品"选项后，根据小李公司的情况，选择"狗梳理美容用具"，再选择狗除臭喷剂、狗洗浴香波，我们发现这两款产品的卖家较少，店铺销量分别为1 492、126，单店铺单品的日销量为10、5，属于"蓝海"产品，比较符合目前的市场需求，如图2-7所示。

通过特喵数据，看到关于狗除臭喷剂和狗洗浴香波的数据较少，随后，小李又登录极鲸云数据首页，继续查看数据。

首先，打开网址：https://www.geekbi.com/data/goods/hot-sale，登录极鲸云首页，如图2-8所示。

在"品类"这里，选择"宠物用品"—"狗梳理美容用具"，然后选择"狗除臭喷剂""狗洗浴香波"两个品类，单击"搜索"按钮，如图2-9所示。

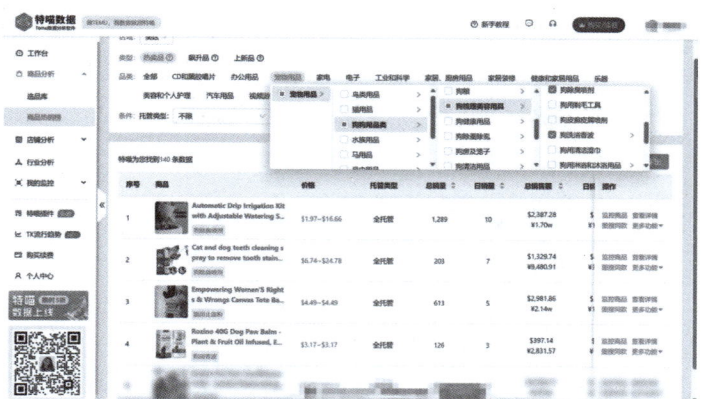

图 2-7　特喵数据狗除臭喷剂、狗洗浴香波销量

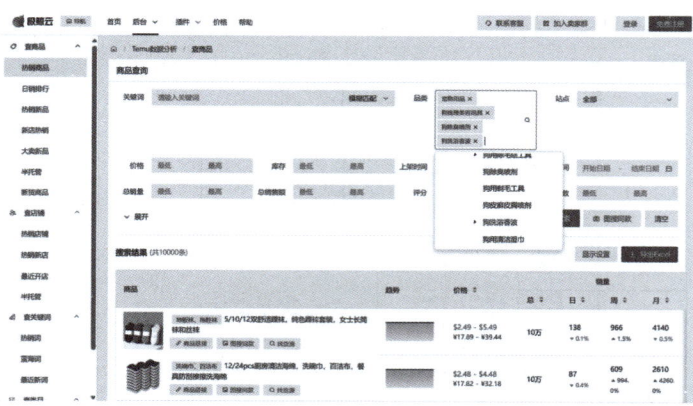

图 2-8　极鲸云数据分析首页

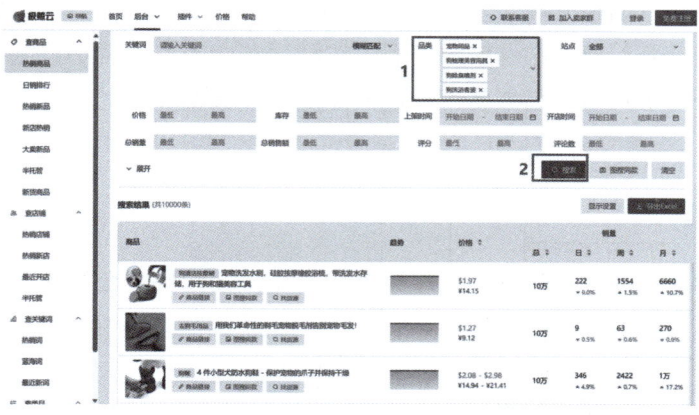

图 2-9　极鲸云数据搜索页面

通过搜索，我们发现"狗用香波""狗除臭喷剂"共有 20 家店铺，每家店铺的销量、价格都显示在页面上。从搜索结果来看，小李选择宠物用品下的"狗用香波"如图 2-10 所示、"狗除臭喷剂"如图 2-11 所示，是非常符合当前市场需求的。

项目二　市场调研与选品　47

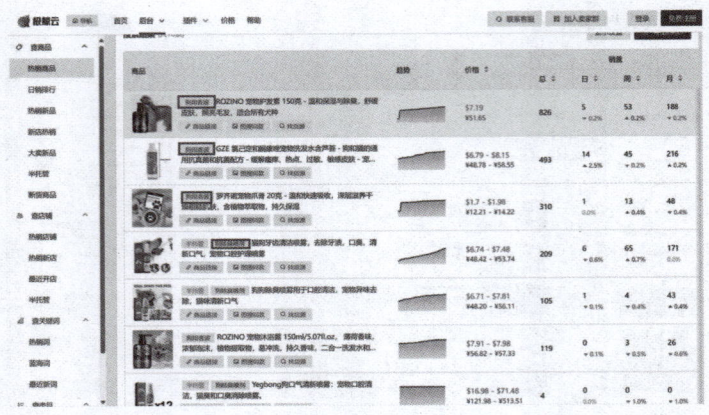

图 2-10　极鲸云"狗用香波"搜索结果

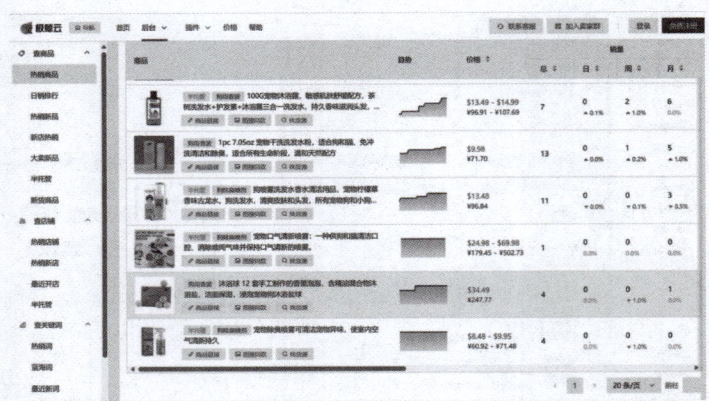

图 2-11　极鲸云"狗除臭喷剂"搜索结果

通过使用特喵数据和极鲸云数据分别对 TEMU 平台进行选品分析，我们发现不同的分析平台，数据略有差异。这也提示我们，在跨境电商平台运营中，需要将站内分析工具及多种站外分析工具结合起来使用，这样才能提升数据分析的准确度，进而提高选品的成功率。

任务总结

本任务介绍了站内数据选品、站外数据选品等，并以特喵数据和极鲸云数据分析软件演示了数据化选品的具体操作过程。请根据掌握的知识，完成表 2-5。

表 2-5　知识技能总结

类别	内容	学生总结	教师点评
知识点	站内数据选品		
	站外数据选品		

48　跨境电商实务

续表

类别	内容	学生总结	教师点评
技能点	能够利用平台相关数据分析软件进行选品分析		

【素养小课堂】

如今，越来越多的人开始选择养宠物以寻找生活的乐趣和安慰，宠物主们也愿意花费更多时间和金钱为宠物提供最好的照顾和服务，这种趋势为宠物用品市场带来了巨大的商机和发展空间。

宠物行业包括两大产品类别，分别是宠物食品和宠物配件/用品。由于欧美地区有着繁盛的宠物市场和严格的食品规范，使得他们在宠物食品制造方面拥有更高生产标准和优质选材，因此我国的宠物食品在对外市场上没有显著的竞争优势。这里重点探讨宠物用品市场的出海概况及相关趋势。

2022年，全球宠物行业市场规模为2 610亿美元，复合年增长率约为6.1%，2027年预计规模将达到3 500亿美元。其中，预计宠物用品市场在2022—2028年复合年均增长率为3.03%，到2027年市场规模预计将达到677.25亿美元。拥有宠物的人数增加和消费观念的转变是推动市场增长的关键因素。与过去十年相比，当前宠物拥有者的人数和相关支出都在大幅增加。

宠物清洁美容用品包含清洁毛发的梳子和刷子、剪切和修剪工具、毛发洗护用品等。涉及的宠物类型包括狗、猫、鸟类、鱼类和爬行动物、小型宠物和马及其他牲畜。

根据Market.us的数据，2023年全球宠物清洁美容市场规模为57亿美元，预计到2032年，市场规模将超过101亿美元。预测期间复合年增长率为6.8%。其中，北美以36.2%的份额占据主导市场，亚太地区则拥有23.6%的显著市场份额。

随着环保意识的提高和宠物健康相关问题的出现，宠物主越来越关心宠物清洁用品中的化学成分添加，因此有机清洁产品是未来的一大趋势。

（文章来源：新浪网 https://weibo.com/ttarticle/p/show?id=2309405050200820679307）

能力检测

素养拓展：中华民族几千年的文化传承

一、单项选择题

1. 速卖通平台的产品包括（　　）。

A. 美发产品　　　　　　　　B. 烟花产品

C. 苹果电脑　　　　　　　　D. 苹果手机

2. 亚马逊平台销售玩具类产品需要具备的条件是（　　）。

A. 安全认证许可　　　　　　B. 低价格高利润

C. 产品的独创性　　　　　　D. 体积较小的玩具

3. 怎样才能最大地保证选品的利润空间？（　　）

A. 淘宝包邮货源　　　　　　B. 一手工厂货源

C. 1688 批发货源　　　　　　D. 义乌购批发货源

4. 卖家准备入驻敦煌网，如果个人店铺绑定了 A 品类商品，那么不能上传以下哪款产品？（　　）

A. 耳机　　　　　　　　　　B. 手机充电器

C. 电视　　　　　　　　　　D. 手表

5. 影响产品销量的最主要因素是（　　）。

A. "红海"产品　　　　　　　B. "蓝海"产品

C. 产品价格　　　　　　　　D. 供需指数

二、多项选择题

1. 适合在全球速卖通平台销售的产品的特征包括（　　）。

A. 体积小　　　B. 价值较高　　　C. 有特色　　　D. 价值低

2. 以下适合在 Wish 平台销售的产品有（　　）。

A. 假发　　　　B. 山地车　　　　C. 项链　　　　D. 裙子

3. 数据选品，可以使用的工具有（　　）。

A. Google Trends　　　　　　B. Keyword Spy

C. Google Analytics　　　　　D. Google Adwords

4. 以下（　　）类别的产品，在任何情况下都不允许出售。

A. 炸药、放射性物质　　　　B. 传染性元素

C. 可燃产品　　　　　　　　D. 潮湿状态下会带来危害的产品

5. 选品要考虑的因素包括（　　）。

A. 产品本身　　B. 物流成本　　　C. 货源供给　　　D. 品牌授权

三、判断题

1. 保健食品和保健用品可以在 TEMU 平台发布。（　　）

2. Wish 平台提供产品比价功能。（　　）

3. 市场分析是从市场的容量出发，了解供求关系，把控消费者的需求点，来确定一个产品是否符合市场的发展需求。（　　）

4. 搜索量过少、竞争对手过少的产品就是"蓝海"产品。（　　）

5. 关键词选品就是把关键词里搜索出来的产品全部上架。（　　）

6. 分析产品是否适合上架的因素包含商品的价格因素。（　　）

7. 在选择产品方面，对于企业而言，喜欢比适合更重要。（　　）

四、案例分析

案例一

小王正处在选品阶段，她想知道什么产品适合在 TEMU 跨境电商平台销售，请问她应该如何查看平台热销品？

案例二

小孙看到其他专员都在店铺里打造了爆款产品，就学习大家也给自己的店铺打造爆款产品，但是，他自己没法卖出爆款。选品或打造爆款产品时需注意哪些关键点？

知识巩固与拓展

一、知识巩固

1. 请以思维导图的形式，归纳整理本项目的知识体系。
2. 请选择 3~5 个核心关键词，表达本项目的主要知识点。

二、拓展

工作任务：将学生分组，每组 4~6 人，以小组成员的名义使用数据分析工具完成海外市场调研。

项目评价标准

评价内容	配分	评分标准	得分
禁限售产品	10	阐述禁止销售的产品含义（3分）、限制销售的产品含义（3分）及知识产权侵权含义（4分）	
	10	能够登录指定的跨境电商平台查看禁限售产品（按0/2/5/7/10分评分）	
海外主流市场分析	10	阐述美国、俄罗斯、德国、英国的消费者购物习惯（按0/2/5/7/10分评分）	
行业企业调研	20	能够运用国内外权威网站调研指定行业企业（按0/2/5/7/10分评分）并完成相关的调研报告（按0/2/5/7/10分评分）	
数据化选品	20	能够运用跨境平台内部数据，进行数据化选品分析（按0/2/5/7/10分评分）	
	20	能够运用站外数据分析工具，进行数据化选品分析（按0/2/5/7/10分评分）	

续表

评价内容	配分	评分标准	得分
确定选品的细分类目	10	能够根据市场分析、行业企业调研及数据化选品，确定选品的细分类目（按 0/2/5/7/10 分评分）	
合计		100	

项目三　跨境平台店铺运营

知识目标

1. 掌握优质产品图片的拍摄技巧和产品详情页常见格式。
2. 了解产品属性设置的作用，掌握跨境电商平台对属性设置的要求和产品属性的分类。
3. 了解产品标题与关键词的作用，熟悉跨境电商平台对标题的要求，掌握标题的构成和撰写技巧。
4. 掌握产品常用的定价方法。
5. 熟悉发布产品标题、关键词、属性、详细描述等信息的注意事项。

技能目标

1. 能根据跨境电商平台对产品图片的要求，拍摄产品图片，熟练编辑商品详情页。
2. 能根据跨境电商平台对属性设置的要求，为既定的产品设置各种属性，制作产品详情页。
3. 能根据跨境电商平台设置标题的要求，撰写产品标题。
4. 能根据跨境电商平台对关键词设置的要求，收集并整理关键词。
5. 能核算产品成本、费用和利润，设置产品上架价格。
6. 在发布产品前，能对产品的关键词、标题、属性、图片、详细描述和售后服务模板等产品信息做出全面有效的校对与审核，成功发布产品。

1. 熟悉跨境电商平台的政策和规则，养成细心、认真、一丝不苟的职业习惯，能用 Office、Excel 等办公软件整理产品信息。
2. 具备实事求是、不弄虚作假、忠于职守的职业道德，具有吃苦耐劳的精神。
3. 具有互联网思维，掌握信息检索、资料分析的方法，具备良好的综合素质、较强的跨学科学习能力，具备创新精神与创业潜力。

工作项目

业务背景

跨境电商专员小李通过前期的市场调研与数据化选品，已经明确了店铺售卖的商品，决定发布产品。经理告诉小李，上架产品是一件麻烦事，需要拟定产品标题、设置商品属性与关键词、选定商品图片、制作产品详情页、设定产品价格等。

任务1 产品信息处理

任务详情

小李认为，商品的图片能直观展示商品特点，吸引消费者，对店铺运营至关重要。因此，小李决定从拍摄产品图片与制作详情页入手，开展店铺运营第一步。那么产品主图规格有什么要求？应怎样制作优质的产品主图与详情页呢？

任务分析

想要在平台发布产品，并吸引足够流量，首先需要充分了解平台对产品信息的要求；再根据平台要求尽可能去采集、处理商品信息，完善商品详情页。

相关知识点

一、商品图片规范

（一）基本要求

(1) 不得抄袭其他卖家图片，以免受到网规处罚。
(2) 正、侧、背、细节、包装的展示图都要有。
(3) 图片分辨率符合要求。
(4) 要重视首图，首图的好坏直接决定买家是否点击。

（二）主图设计形式

1. 展示商品的全貌

利用白色背景展示商品的全貌是商品主图常规的设计形式，大多数行业都要求至少有一张白底主图。

2. 场景化的设计

商品主图另一种常规的设计形式是通过模特展示商品，或者根据商品的特点和用途搭建生活化、场景化的环境。场景化背景示例如图 3-1 所示。

图 3-1　场景化背景示例

3. 拼接式设计

拼接式设计是指将多张商品图片合成一张商品主图的形式。

4. 突出商品卖点

品牌商品都会在主图的一角放置品牌 Logo，这种方式可以有效地让消费者识别品牌，将产品与品牌关联起来，不仅可以唤醒老客户的消费记忆，还能吸引新客户的关注。

(三) 网店商品照片要求

(1) 符合网店要求的照片尺寸。

(2) 合适的商品照片数量。

如果商品本身的造型简单，则无须太多的照片，两三张照片就能够说明问题；如果商品的细节丰富，就需要较多的照片来全面展现，通常需要控制在5~10张。简单商品图片如图3-2所示，复杂商品图片如图3-3所示。

图3-2　简单商品图片

图3-3　复杂商品图片

(3) 照片要突出商品本身。

摄影师应该使用简单的搭配或背景，使产品在画面中更加突出，如图3-4所示。

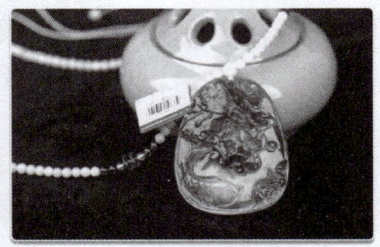

图3-4　突出产品

（4）足够的细节展示。

对于一般商品，拍摄者通常需要采用近距离特写的方式来拍摄细节。而对于小商品，则需要使用专业的微距镜头呈现其细节，如图3-5所示。

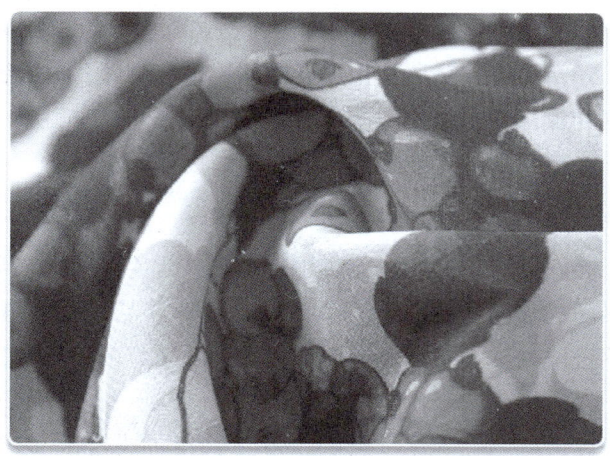

图3-5　商品细节展示

（5）准确还原商品色彩。

拍摄者在前期拍摄和后期处理时，都要尽量让照片展现的色彩与商品本身的色彩保持高度一致，以免在商品销售后与消费者产生不必要的争端。

摄影者经常会遇到照片偏色的问题。遇到这种情况时，拍摄者可以通过设置相机的白平衡来还原色彩。另一个经常被忽略的色彩问题是由曝光引起的。在使用相机拍摄商品时，拍摄者可以通过设置光圈、快门、感光度或曝光补偿值来控制画面的曝光，从而改变色彩的明暗变化。

（6）符合后期处理的需要。

照片曝光问题是可以通过后期处理，在一定程度上进行校正的。对于曝光不足的照片，通常比较容易校正为曝光准确的照片；而对于曝光过度的照片，往往很难将其处理成曝光准确的照片。

拍摄者可以手动设置相机的对比度，但最好保持相机的默认设置，或降低对比度，这是因为低对比度的照片在后期处理时可以很容易地变为高对比度的照片。将对比度比较高的照片降低对比度后，并不一定能恢复商品应有的细节。

相机中允许拍摄者设置不同的饱和度，饱和度越高，照片的颜色就越鲜艳，但很可能导致颜色过于艳丽，与商品本身的颜色不符。因此，对于照片饱和度的设置，最好是放到后期处理环节，在拍摄时保持相机的默认饱和度设置即可。

提高相机中的锐度设置，可以让拍摄出来的画面看上去更加清晰。但提高锐度往往意味着画面粗糙感提升，而且过度锐化会导致画面失真。因此，锐度设置最好也放到后期处理环节，在拍摄时同样保持相机的默认设置即可。

二、主图拍摄工具

1. 智能手机

一些低成本创业的小型商家没有太多的资金投入在昂贵的专业摄像机上，同时，智能手机的性能越来越好，足以满足产品拍摄需要。拍摄产品图片时首推有超广角摄像头、能在拍照时智能识别场景，并根据用户需求做出智能优化的手机。如若不能满足，也应尽量选择具备防抖、降噪和高感光度，能保证高清晰度的手机。

2. 固定支架或防抖

固定支架应用于静态镜头拍摄，主要防止因为拍摄时手部抖动而导致视频模糊不清。固定支架可以分为桌面式和俯拍式，用于从不同角度对产品进行拍摄。防抖器是专门用来防抖的设备，和手机或单反相机结合使用可以获得非常好的防抖效果。

3. 微距镜头

如果想拍摄产品的局部细节，当手机拍摄距离与产品非常近时，是无法对焦的，可以购买匹配的微距镜头，展示产品的细节和质感。

4. 灯光

照明对于产品拍摄来说是至关重要的，如果允许，尽量使用自然光。日落前、日出后的时间，可以获得最柔和的光线。在其他天气情况下，使用反光板或散射板同时结合光圈、快门的调整来找到适合的拍摄光源。

三、产品信息处理工具

拍摄出产品图片后，往往会使用特定的软件对图片进行处理，力求图片主题突出、美观真实。

（一）PS 概述

Adobe Photoshop 软件，一般简称为"PS"。是由 Adobe Systems 开发和发行的图像处理软件。Photoshop 的主要设计师托马斯·诺尔发现当时的苹果电脑无法显示带灰度的黑白图像，因此编写了一个程序 Display，并和其兄弟约翰·诺尔在 Display 的基础上不断修改完善为功能更加强大的图像编辑程序，最终将其命名为 Photoshop。

Photoshop 主要处理以像素构成的数字图像。使用其众多的编修与绘图工具，可以有效地进行图片编辑工作。PS 有很多功能，在图像、图形、文字、视频、出版等各方面都有涉及，是集图像扫描、编辑修改、图像制作、广告创意，图像输入与输出于一体的图形图像处理软件，深受广大平面设计人员和电脑美术爱好者的喜爱。

2003 年，Adobe Photoshop 8 被更名为 Adobe Photoshop CS。2013 年 7 月，Adobe 公司推出了最新版本的 Photoshop CC，自此，Photoshop CS6 作为 Adobe CS 系列的最后一个版本被新的 CC 系列取代。

（二）PS 基本功能

1. 图像编辑

图像编辑是图像处理的基础，PS 可以对图像做放大、缩小、旋转、倾斜、镜像、透视等的变换，也可以复制、去除斑点、修补、修饰图像的残损。

2. 图像合成

图像合成是将几幅图像通过图层操作、工具应用合成完整的、传达明确意义的图像。

3. 校色调色

校色调色是 Photoshop 中最重要的功能之一，可方便快捷地对图像的颜色进行明暗、色偏的调整和校正，也可在不同颜色间进行切换以满足图像在不同领域（如网页设计、印刷、多媒体等方面）的应用。

4. 特效制作

特效制作在 Photoshop 中主要由滤镜、通道及工具综合应用完成。特效制作包括图像的特效创意和特效字的制作，油画、浮雕、石膏画、素描等常用的传统美术技巧都可由 Photoshop 特效完成。而各种特效字的制作更是很多美术设计师热衷于使用 Photoshop 的原因。PS 操作界面如图 3-6 所示。

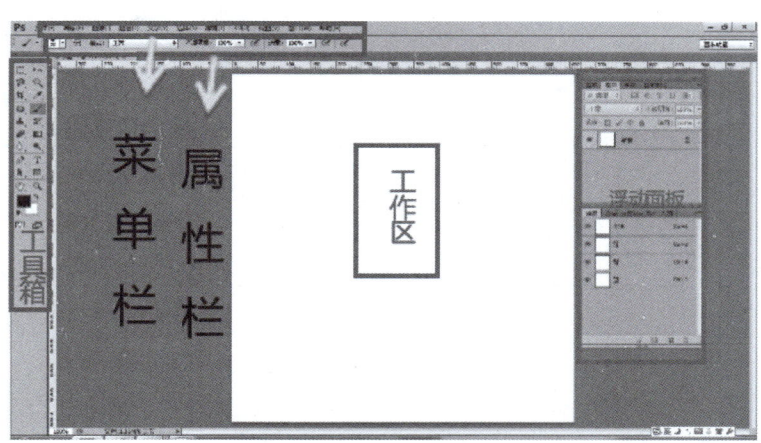

图 3-6　PS 操作界面

（三）PS 抠图

抠图就是把图片或影像的某一部分从原始图片或影像中分离出来成为单独的图层。也可以说：抠图的本质是更换背景。具体情况有三种：更换为透明背景；更换为纯色背景；更换为实用背景。

抠图主要是为了后期的合成做准备。其关键是区分"被抠出"图形的边界，边界是抠图的关键部位，需要细心认真对待。抠图前与抠图后如图 3-7 所示。

图 3-7　抠图前与抠图后

四、详情页的一般格式

商品的详情页一般包含广告宣传区、产品图片区、产品拓展图片区及售后服务区等部分，具体内容如表 3-1 所示。

表 3-1　详情页的一般格式

区域	图片类型
广告宣传区	欢迎光临图
	关联营销模块
产品图片区	产品图
	尺码图
	细节图
	效果图
产品拓展图片区	特点卖点介绍图
	消费者分享图
	包装图
售后服务区	网购流程图
	物流示意图
	售后赔付图
	FAQ 常见问题解答
	公司图

如果按产品描述功能划分，产品详情页包含以下内容：

（1）产品整体图片：全面展示产品的整体效果。

（2）产品细节图片：从细节展示产品的部分效果。

（3）模特或功能效果图片：模特使用产品的展示，或产品的功能效果情景展示。

（4）产品详情介绍：以文字搭配细节图片的形式介绍产品的特点、使用说明、卖点等，让顾客更全面地了解产品。

（5）买家评价：展示买家文字、图片、视频形式的好评或真人秀等。

（6）包装展示：在材质、细节方面展示包装。

（7）售后说明和常见问题解答：能够回答买家的常见问题，减轻客服的压力，提高工作效率。

（8）企业文化展示、品牌文化展示。

（9）关联营销：例如，可与之搭配使用的相关产品的展示。

产品详情页的内容比较丰富，以上列举的内容是常见的详情页内容，且并不必须全部展示在所有产品的详情页面中，不同卖家可根据产品特点或自身偏好选择以上的部分内容进行展示。但同一个店铺的产品详情页应该风格统一，这样才能给买家留下比较专业、不杂乱的印象。

一、主图的拍摄与制作

1. 观察并构思

小李首先仔细观察了产品准备进行商拍，发现此类产品想要拍好并不容易，一是瓶子的光滑度很高，用常规"2+1"的布光方式会导致产品大面积反光。

重新构思后决定用两个柔光箱罩分别罩在两个闪光灯上，摆放位置是产品的8点钟方向和4点钟方向，因为这种简单而实用的打光方式既能保证环境的曝光准确，还能保证产品不会过曝或者出现大面积的反光，如果觉得产品的上部瓶盖处欠曝也可以在顶部加一盏顶棚灯，如果产品的反光度更高可以在产品的左右方各加一层硫酸纸，以充分地柔和光线。

小李拍摄后，导入电脑发现拍摄的照片仍然达不到心理预期。于是，他把所有的灯都重新摆放：第一步，12点钟方向一盏背景灯打亮背景；第二步，11点钟方向一盏主光灯套上标罩模拟日光灯对着产品打；第三步，哪里不亮补哪里，8点钟方向一个条形柔光箱从后往前打硫酸纸，给正面一道光；第四步，右边补光，右边同样位置打条形柔光箱和硫酸纸，给右面一道高光；第五步，左面高光，10点钟方向一个条形柔光箱从后往前打硫酸纸，给左面一道高光，如图3-8所示。

2. 拍摄

构思完成后，小李选用的设备分别是灯（jinbei400W）、相机（佳能200D和佳能80D）、镜头（佳能70-200和佳能50D）。

相机的参数：快门160、光圈20-22、ISO100，原理是在曝光充足的情况下ISO数值保持越小，画面的清晰度越高、噪点越低；光圈22所得到的最大景深基本可以满足所有的商拍需要，从而解决产品跑焦、对不上焦等问题，快门速度最好能够保持在1/160s。如果照片欠曝可以降低光圈。商品拍摄效果如图3-9所示。

知识拓展：产品信息采集

项目三 跨境平台店铺运营 61

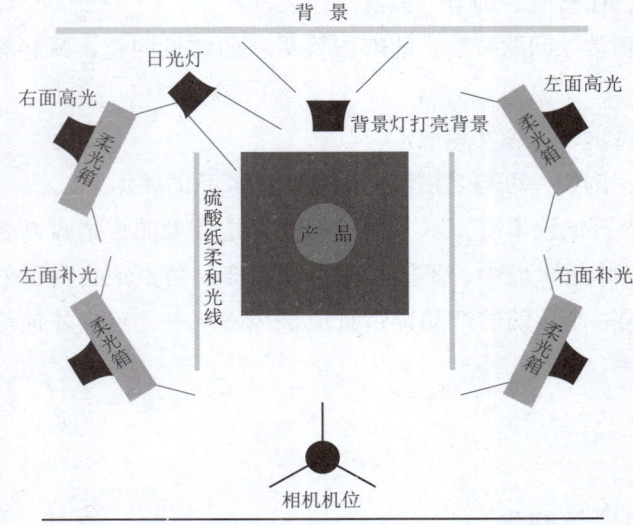

图 3-8　商品拍摄构思

图 3-9　商品拍摄效果

知识拓展：产品信息处理工具

二、主图和商品详情页制作

在前面操作的基础上，小李根据产品卖点和产品功能制作了精美的主图和详情页海报，如图 3-10 所示。这里我们需要注意的是，在制作产品详情页海报时，既要考虑产品的商业属性，又要考虑成片的美观度。因此，产品的特点与色彩的搭配、整个产品详情页的风格统一等细节都是需要思考的，这样我们制作出的产品详情页才能够吸引顾客下单。小李制作完成的商品详情页如图 3-10~图 3-12 所示。

小李又制作了发货、运输、退换货政策等说明，如图 3-13 所示。

知识拓展：产品信息处理方法

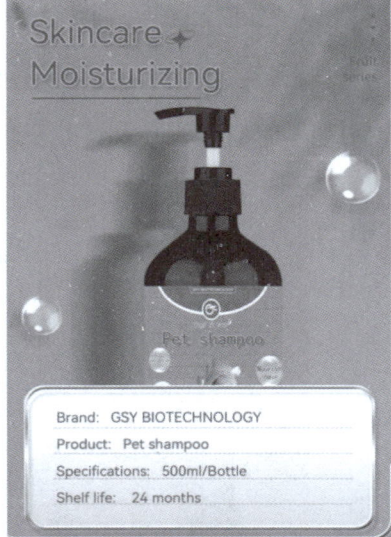

图 3-10　产品卖点详情页海报

图 3-11　产品优点详情页海报

图3-12 产品功能详情页海报

图 3-13　产品售后服务详情页海报

Shipment（关于发货与运输）：

We will send the items within 3 days once your payment is completed.（付款完成后，我们将在三天内发货。）

We do not guarantee delivery time on all international shipments due to differences in customs clearing times in individual countries. Please note that buyers are responsible for all additional customs fees, duties, and taxes for importation into your country.（由于各个国家的清关时间不同，我们不能保证所有国际货物的交货时间。请注意，买方负责所有额外的海关费用、关税和进口税。）

We will not refund shipping charges for refused shipments.（对于被拒收的货物，我们不退还运费。）

Returns（退换货政策）：

We do our best to serve our customers the best that we can.（我们尽最大努力为客户提供最好的服务。）

We will refund you if you return the items within 15 days of your receipt of the items for any reason. However, the buyer should make sure that the items returned are in their original conditions. If the items are damaged or lost when they are returned, the buyer will be responsible for such damage or loss, and we will not give the buyer a full refund. The buyer should try to file a claim with the logistic company to recover the cost of damage or loss.（如果您在收到商品后的 15 天内以任何理由退货，我们将退款给您。但是，买方应确保退回的物品保持完好。如果物品在退货时损坏或丢失，买方将对这些损坏或丢失负责，我们不会给买方全额退款。买方应设法向物流公司提出索赔，以收回损坏或损失的费用。）

The buyer will be responsible for the shipping fees to return the items.（买方将负责退货的运费。）

本任务介绍了产品主图的拍摄与制作、产品详情页的制作。通过学习，同学们应当

能独立根据产品特征选取角度、拍摄产品图片,完善产品详情页。请根据掌握的知识,完成表3-2。

表3-2 知识技能总结

类别	内容	学生总结	教师点评
知识点	产品主图基本要求		
	产品图片常用构图方法		
	常用拍摄工具		
	产品详情页常见内容		
技能点	能根据产品特点拍摄图片		
	能对产品图片进行处理,设计主图		
	能选取适当的拍摄工具		
	能完成详情页的制作		

任务 2　产品发布

任务详情

完成产品主图与详情页的制作后,面对跨境电商平台复杂的页面与众多要填的信息,初次接触上架产品的小李有些手忙脚乱。经理提示小李,产品标题与关键词也非常重要——不仅可能对浏览量、点击率产生影响,甚至可能影响潜在买家的购买决策。

小李干劲十足,准备通过实际操作,为待售商品(见图3-14)撰写合适的产品标题,拟定关键词。

任务分析

产品标题与关键词的提取需要注意两点,一是能突出商品特点,二是能吸引客户,带来流量与转化率。

相关知识点

一、产品标题

(一)产品标题制作方法

产品标题是决定买家是否点击进入商品详情页的重要因素,应做到准确、简洁、有吸引力。标题通常由核心词与修饰词构成。

知识拓展:商品信息设置

图 3-14　产品主图

常用的标题制作方法为"三段法",即

产品标题=核心词+属性词+流量词

核心词即与产品相关的顶级热搜词,如女裙(Women Dress)、项链(Necklace)、男包(Men Bag)等。属性词是描述产品颜色、形状、材质、参数等特征的词汇。流量词是参考热搜词中除了核心词以外的其他词,例如 2024 New,Hot Sale,Fashion 等。

在"三段法"以外,标题中可以继续完善销售方式、品牌、适用情景、适用对象等内容。

(二)产品标题制作注意事项

(1)根据各跨境电商平台对标题字符数的要求,尽可能用尽所规定的字符数。

(2)关键词之间通过空格间隔,尽量避免使用标点符号。

(3)不要使用"Free Shipping""Wholesale"等词。

(4)避免使用容易使买家混淆的字词。

(5)重要关键词写在前面,特别是产品主关键词(核心词)尽量靠前出现——尽量在标题前 5 个词中出现。

(6)请遵守英文标题书写规则。

①一般实词(名词、动词、代词、形容词、副词等)首字母大写,虚词(介词、冠词、连词、感叹词)首字母小写。

②标题第一个单词、最后一个单词无论词性如何首字母都应该大写。如果是重要提示性标题，或者是专有名称标题，可以全部字母都用大写，但这种用法应慎重。

二、产品关键词

（一）关键词分类

（1）核心关键词。即产品名称，例如手机（Phone）、内衣（Underwear）等。

（2）品牌关键词。例如路易威登（LV）、苹果（Apple）、戴尔（Dell）等。

（3）属性关键词。包括材料关键词（Cotton、Steel、Plastic）、参数关键词（3cm、5inch）、颜色关键词（Red、Gold、Black）、形状关键词（Big、Round、Slim）等。

（4）对象关键词。即产品的使用对象，例如男性（Men）、狗（Dog）等。

（5）时间关键词。例如2023年冬季（2023 Winter）、母亲节（Mothers'day）等。

（6）场景关键词。即适用场景，例如卧室（Bedroom）、花园（Garden）、办公室（Office）、户外（Outdoor）等。

（7）修饰关键词。即常用的流量词，例如时尚（Fashion）、新款（New）等。

（二）关键词的选取方法

（1）核心词（如Dress）。

（2）属性词⊕核心词（突出卖点）（如Sleeveless Dress）。

（3）修饰词⊕核心词（如2024 Fashion Dress）。

（4）利用Google Adwords、Ebay Plus等关键词工具或平台的搜索词分析工具。

（三）关键词与标题的关系

（1）关键词被包含于标题。相当于关键词是标题的构成部分，在标题中摘出重要词汇作为关键词。

（2）关键词与标题相互补充。当标题不能完全概括商品特征时，可以用关键词对商品特点进行补充。

三、产品定价

（一）竞争导向定价法

竞争导向定价法的定价基本依据是市场上同行相互竞争的同类产品的价格，特点是随着同行竞争情况的变化随时来确定和调整其价格水平。如想要了解某产品同行的平均售价，具体做法是：在自己想要进入的跨境电商买家平台搜索产品关键词，按照拟销售产品相关属性和销售条件，依照销售量进行大小排序，依次得到其在一定时间内的销量及定价，然后采用加权平均的方法得出产品的参考定价。计算公式如下：

产品销售总数量＝店铺1销量+店铺2销量+店铺3销量+店铺4销量+…

每个店铺在市场所占份额＝本店铺销量/产品销售总数量

市场加权平均价格=店铺1份额×店铺1定价+店铺2份额×店铺2定价+店铺3份额×店铺3定价+店铺4份额×店铺4定价+⋯

（二）成本导向定价法

成本导向定价法就是从商品价格的构成方面去考虑商品定价，优势是能确保不亏损。成本导向定价法中，商品的定价主要包含成本、费用、利润、平台佣金四个方面。

1. 成本

生产企业的成本主要指为了生产该产品产生的费用，如原材料费用、人工费用等；非生产企业的成本主要指进货成本。

2. 费用

费用主要是指均摊在每件商品上的日常运营开销，如销售人员工资、水电费、房租等，包邮商品还有物流费用。

3. 利润

利润分为成本利润率和销售利润率，成本利润率是成本的一定百分比，销售利润率是销售价格的一定百分比。利润需要根据产品的定位来进行设定，如果产品定位是引流款，那么其销售利润率应该设置得比较低，比如5%左右；如果产品定位是利润款，那么其销售利润率可设置在15%～40%，根据市场竞争情况而定。

4. 平台佣金

平台佣金是平台为成交商品抽取的一定比例的手续服务费，具体比例因平台和产品而有所不同。

四、产品上架注意事项

1. 选择类目

类目要选择正确，可以按照类目结构，逐级选择产品对应的类目。选择类目时一定要仔细，一旦有误将直接影响到后面的上传操作甚至导致上传操作审核不通过。类目选择的范围由大到小。

2. 准确填写产品属性

在信息发布过程中，产品属性是非常核心的填写内容，卖家应完整、准确地填写产品属性。完整、准确地填写产品属性可以大大提高搜索时的命中率和曝光率，买家可借此在第一时间全面地了解产品，也可根据某些属性对产品进行筛选。

知识拓展：产品标题

卖家应尽量将产品的属性填写率保持在100%。注意在填写属性时，用红色"*"标注的属性是必填的。在选择品牌时，应仔细核对产品的品牌，以避免产品的侵权问题。

 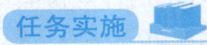

一、标题撰写

在撰写产品标题时，首先应当捕捉产品特征。该款宠物香波的特征如表 3-3 所示。

表 3-3　产品特征表

品牌	广盛源 （GSY BIOTECHNOLOGY）	适用对象	猫和狗 （Cats and Dogs）
产品功效	除臭 （Deodorization）	主要成分	植物配方 （Plant Formula）
卖点 1	温和不刺激 （Mild and no Stimulation）	卖点 2	无硅油 （Free of Silicone Oil）
香型	柠檬 （Lemon）	产品规格	每瓶 500 毫升 （500mL/Bottle）

同时，产品标题应当具有吸引流量、提升商品排名的作用。因此，商品标题中应当同时具有热搜词和营销词。因此，该商品的标题可以定为

2024 New Upgrade Plant Formula Lemon Fragrance Mild Deodorization 500mL GSY Pet Shampoo for Cats and Dogs

二、关键词拟定

关键词是用户在使用搜索引擎时输入的、能够最大限度概括用户所要查找的信息内容的字或者词，是信息的概括化和集中化。建议选择能突出产品特点和销售优势的词。

例如，该商品关键词可以选取为：2024 New Upgrade Pet Shampoo，Plant Formula Pet Shampoo 等，也可结合谷歌趋势等网站锁定关键词。

知识拓展：产品关键词

三、产品定价

商品定价关系到店铺收益与利润，因此至关重要。经理告诉小李，在定价时，一可以参考同类产品进行定价，二可以通过核算商品成本进行定价。小李首先搜索了网站上同类产品的销量与价格，结果如表 3-4 所示。

知识拓展：产品定价

表 3-4　销量价格表

店铺	销量/瓶	价格/美元
1	1 643	20
2	845	23
3	689	28

续表

店铺	销量/瓶	价格/美元
4	237	32
5	120	40

同时，小李核算了产品的成本，包括进货成本 9 美元，均摊费用 5 美元，平台佣金 10%。小李的预期成本利润为 30%，产品不包邮。

（一）竞争导向定价法

市场上同类产品总数量 = 1 643+845+689+237+120 = 3 534

市场加权平均价格 = 1 643/3 534×20+845/3 534×23+689/3 534×28+237/3 534×32+ 120/3 534×40

= 23.76（美元）

（二）成本导向定价法

总成本主要包含进货成本、均摊费用、平台佣金三个部分，因此得

成本 = 9+5+销售价格×10%

由于此处为粗略计算，我们暂且让销售价格等于成本，可解方程

成本 = 15.56（美元）

售价 = 15.56×（1+30%）= 20.23（美元）

四、产品上架流程

产品主图、标题、价格等都已核算完毕，相应的材料也已经准备好，小李准备将商品上架 TEMU 平台。

（一）选择"商品管理"—"新建商品"（图 3-15）

知识拓展：产品发布

图 3-15 新建商品

（二）选择商品分类

新建商品后，根据页面提示，依次选择"宠物用品"——"狗狗用品类"——"狗梳理美容用具"——"狗洗浴香波"——"狗用香波"，如图 3-16 所示，完成商品分类选择。

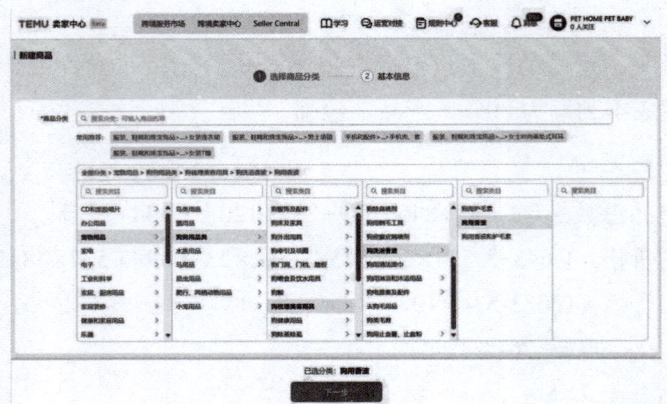

图 3-16　选择商品分类

（三）上传产品素材图

单击"下一步"按钮，选择素材语言，上传商品轮播图、商品素材图等基本参数信息。这里需要注意的是，红色的"＊"是必填项，如图 3-17 所示。

目前"主图视频"是可选项，但是上传优质主图视频，商品可获得免费流量扶持。主图视频的基本要求如下：

（1）使用宽高比 1：1 或 3：4 或 16：9 的视频（建议优先采用 1：1 或 3：4 的视频），大小 500 兆内，最多不超过 600 秒（建议视频时长在 1 分钟内）。

（2）上传视频内容需含商品主图，非 PPT、无黑边、无水印，且内容及背景音乐需确认无 IP 侵权。

（3）上传视频内容建议前 5 秒内突出商品的核心卖点，且语音讲解或配英文字幕（否则跳出率很高，会对转化负向）。

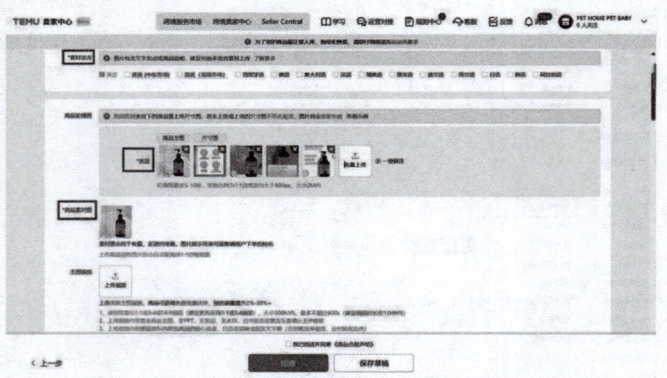

图 3-17　商品素材图上传页面

（四）填写商品名称

下拉页面，填写商品名称、商品产地、商品属性、商品规格等信息，如图3-18所示。

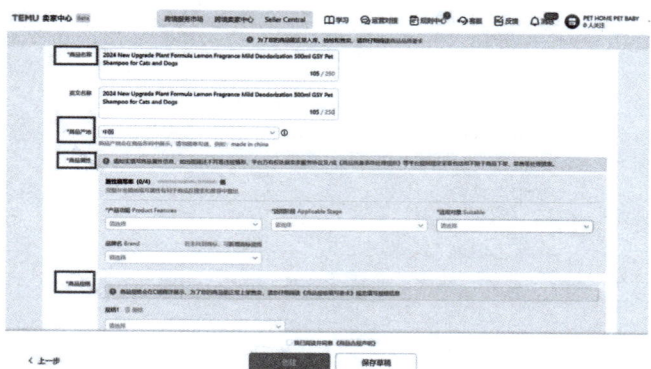

图3-18　填写商品名称

（五）填写商品包装信息

上传商品包装图片，填写商品包装信息，如图3-19所示。

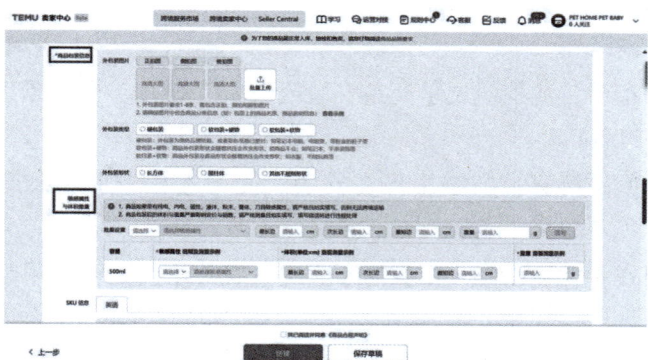

图3-19　填写商品包装信息

（六）填写商品价格

填写商品价格，如图3-20所示。

图3-20　填写商品价格

项目三　跨境平台店铺运营　73

（七）添加商品详情

商品详情页可以选择添加详情视频、商品说明书和详情图文，如图 3-21 所示。

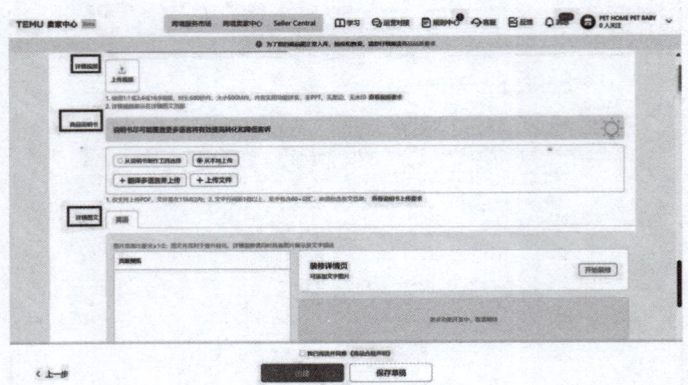

图 3-21　商品详情页面

这里需要注意的是，TEMU 平台对于详情视频的要求分为内容要求、质量要求及格式要求三个方面。

1. 详情视频内容要求

（1）商品操作指引：清楚地展示商品安装或连接等使用步骤，帮助用户了解如何操作安装、连接和使用商品。

（2）用户常见问题解答：归纳用户在安装、使用过程中可能会产生的问题并予以解答。

（3）时长建议在 180 秒以内，步骤清晰明确，内容翔实。

2. 详情页质量要求

（1）画质清晰，整体不可过暗，不能有较大黑边。

（2）播放流畅，画面不可抖动。

（3）不可加入外域网址及私人联系方式。

（4）使用当地文化风俗可接受的模特。

（5）图片中避免出现其他品牌。

（6）视频背景音乐、拍摄内容避免涉及版权问题。

（7）英文内容需语法正确，符合英文表达习惯。

（8）视频内容避免 PPT 式的静态图片展示。

3. 格式要求

视频的详细格式要求如图 3-22 所示。

类型	参数要求
视频时长	600s以内
视频大小	500M以内
视频格式	wmv、avi、3gp、mov、mp4、flv、rmvb、mkv、m4v、x-flv、WMV、AVI、3GP、MOV、MP4、FLV、RMVB、MKV、M4V、X-FLV
视频比例	1:1或3:4或16:9
分辨率	建议 ≥ 720P

图 3-22　视频的详细格式要求

编辑完商品详情，选择页面下面"我已阅读并同意《商品合规声明》"，随后单击"创建"按钮，如图 3-23 所示，商品上传完成页面如图 3-24 所示。

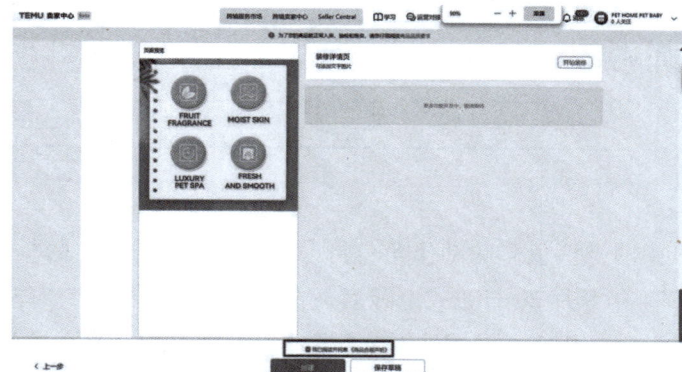

图 3-23　创建新产品页面

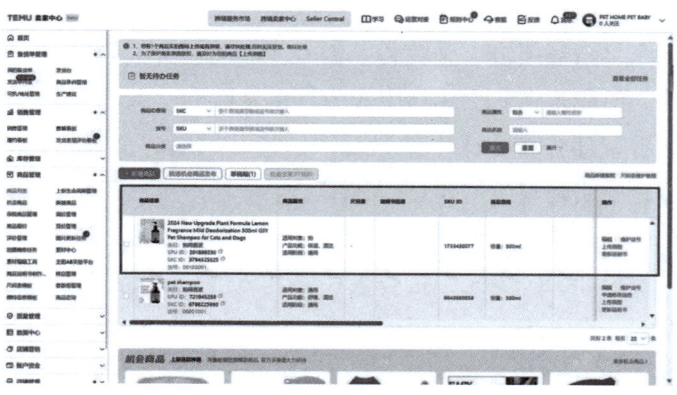

图 3-24　商品上传完成页面

本任务介绍了产品关键词、标题的拟定、产品定价方法与产品上架流程。通过学习，

项目三　跨境平台店铺运营　75

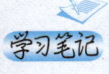

应当能独立根据产品特征拟定标题、提取关键词、进行产品合理定价,能完成产品上架。请根据掌握知识,完成表 3-5。

表 3-5 知识技能总结

类别	内容	学生总结	教师点评
知识点	产品标题制作方法		
	关键词分类		
	竞争导向定价法		
	产品价格构成		
	上架流程		
技能点	能根据产品特点拟定标题		
	能根据产品提取关键词		
	能用两种定价方法进行产品定价		
	能完成产品上架		

【素养小课堂】

作为一款极具中国神话色彩的动作角色扮演游戏,《黑神话:悟空》一推出就刷屏各大社交平台。2024 年 8 月 20 日正式上线后,在微博热搜榜单中,"黑神话悟空"相关话题稳居第一。国游销量榜官方微博披露,《黑神话:悟空》全平台销量已超 450 万份,销售额超 15 亿元。

这一全球爆火的首款国产 3A 游戏,其周边产品近期在国内外电商平台也已纷纷上架。雨果跨境发现,目前已经能在亚马逊、eBay 等平台上搜索到《黑神话:悟空》的周边产品,包括紧箍圈、指环项链、金箍棒、游戏手柄等。不得不说中国卖家的商业嗅觉够敏锐,手速够快。但能否在此次热潮中成为订单暴涨的"天命人",就看各自运气了。

从搜索结果上看,部分卖家已上架紧箍圈、指环项链、金箍棒、游戏手柄、主题 T 恤等产品,并在标题中明确写着 "Black Myth"。

比如其中一个产品是销售《黑神话:悟空》4 件套,包括紧箍圈、风铎项链、雷楔戒指、金乌徽章,售价 88.88 美元,折合人民币约 633 元,而同样的套装在国内电商平台售价在 140 元左右。卖家除了在标题中凸显 "Black Myth Wukong",在商品详情页中还配有一段《黑神话:悟空》的宣传视频。

亚马逊官网公开的店铺信息显示,销售此产品的卖家来自四川,公司名称为 Sichuan BXX Technology Co., Ltd.。据天眼查信息,卖家所在的公司成立于 2019 年,之前并未涉及跨境电商,但章程备案的变更记录显示,2024 年 7 月 7 日,上述公司因经营范围涉及国际贸易、跨境电子商务等国际业务,故约定公司在国际业务中使用的正式企业英文名称为 Sichuan BXX Technology Co., Ltd.。可见,此卖家也是近期才关注到《黑神话:悟空》并上架产品到亚马逊销售。

还有一位来自深圳的亚马逊卖家上架了悟空的经典武器金箍棒，也是《黑神话：悟空》玩家的必备收藏品之一。

一位经营游戏手柄的卖家向雨果跨境表示，黑神话悟空带火游戏产品周边，可以预见会有一波游戏手柄的热度，他们也专门为此发布了一款新品。

虽说《黑神话：悟空》正在全球爆火，有不小的流量红利，但卖家也深知售卖其周边产品的风险，在未获得品牌方授权的情况下，随时可能被冻结账号甚至封店。

方信国际知识产权相关负责人向雨果跨境表示，《黑神话：悟空》的爆火可能会引起跨境卖家生产相关周边产品进行销售，但是其中有很大的侵权风险。不管是在中国还是美国，游科互动科技都做了相关知识产权的保护，商标"黑神话悟空""BLACK MYTH""BLACK MYTH WUKONG"都已有申请以及注册下证的商标，包括9类电子3C产品，28类玩具产品等类别，使用相关关键词都有侵权风险，且也不建议使用游戏中众多IP形象，以免造成版权侵权。

这款以《西游记》为背景的角色扮演游戏，一经推出就在海内外走红。而为了能真正体验《黑神话：悟空》的游戏精髓，不少海外玩家挑灯夜读《西游记》，以便理解游戏的背景。有网友评价这是东方的《指环王》，是一次妥妥的中国文化的强势输出。

（文章来源：雨果跨境，https://www.cifnews.com/article/163341）

能力检测

素养拓展：出口海外的"美丽"

一、单项选择题

1. 关于标题设置，错误的是（　　）。

   A. 标题最长可为140个字符

   B. 标题中不能出现和实际产品属性无关的词

   C. 标题尽量不用符号分隔

   D. 标题句式尽量复杂

2. 以下是某商品的卖点信息，在亚马逊平台，请根据其内容选择该产品（见图3-25）属于哪一类目。（　　）

   商品卖点信息：

   • Allowing You to Hear Your Unborn Baby's Hearbeat, Kicks and Hiccups to Help Mommy Bond with the Baby.

   • Included Free in the Package a Personalized Lullaby Album that Sings Your Baby's Name in the Songs.

项目三　跨境平台店铺运营　77

• Safe and Non-Invasive. Compact and Easy to Carry.

• Great Gift for a Newly Pregnant Couple-Includes Two Sets of Ear Buds for Both Mon and Loved Ones to Listen at the Same Time.

• Easy On/Off/Volume Control with Power-on LED Indicator with Ultra-Clear Audio Sound.

图 3-25　产品图

A. Electronics

B. Sports & Outdoors

C. Beauty & Body Care

D. Mother & Baby Care

3. 以下说法正确的是（　　）。

A. 发布产品时类目可以随便选择，相关即可

B. 速卖通图片格式为 JPEG 格式，图片大小在 5 兆以内，图片上可以有邮箱地址等联系信息

C. 对于同一款产品，可依据不同的颜色，设置不同的价格

D. 产品上架前，产品图、成本、运费、服务模板等不需要提前设置

4. 亚马逊平台卖家想要上传一款新产品，他在卖家中心的操作步骤为（　　）。

a. Inventory　　　　　　　　　　b. Add a Product

c. Add Information　　　　　　　d. Create a New Product Listing

e. Select the Product Category　　f. Find the Product Category

A. a-b-c-d-f-e　　　　　　　　　B. a-b-d-f-e-c

C. a-d-f-e-b-c　　　　　　　　　D. a-f-e-d-b-c

二、多项选择题

1. 以下哪些标题是优质的？（　　）

A. Custom Made Mermaid Satin Sweep Train Wedding Dress

B. 2010 New Party Dress Bridal Dress Evening Dress

C.（12 piece）NEW 100% Cotton Men's Underwear

D. I68 4G

2. 完整的标题应该包括（　　）。

A. 核心词　　　　B. 属性词　　　　C. 流量词　　　　D. 高频词

3. 以下属于属性词的有（　　）。

A. 100% Cotton　　B. New Arrival　　C. Hot Sale　　D. Sleeveless

三、判断题

1. 产品曝光越高，反馈一定越高。（　　）

2. 关键词是否填满并不影响搜索结果顺序。（　　）

3. 商品属性填写完整、准确，详细描述真实、准确有助于买家通过关键词搜索、属性的筛选快速定位到卖家的商品。（　　）

4. 产品放错类目可以通过搜索诊断工具来判断和处理。（　　）

5. 三个关键词写得一样与就写一个关键词在搜索中的效果是一模一样的。（　　）

6. 在其他排名因子同等的条件下，有图片的产品排名会比无图片的产品排名有优势；有图片的产品有助于买家体验，图片越多，就越有利于排名靠前。（　　）

7. 买家搜索的关键词在文中反复出现得越多越好。（　　）

四、案例分析

请分别找出下面两个产品标题的流量词、属性词和核心词，并写出来。

1. 2019 Summer Women's Bohemian Beach Dresses Personality Slim Tunic Long Casual Short-Sleeved Waistline Asymmetrical Vestidos

流量词：

属性词：

核心词：

2. Fashion Simple Gold Color Meter Feather Pendant Necklace for Women Leaf Shaped Female Long Sweater Chain Girls Jewelry Gifts

流量词：

属性词：

核心词：

知识巩固与拓展

一、知识巩固

1. 请以思维导图的形式，归纳整理本项目的知识体系。
2. 请选择 3~5 个核心关键词，表达本项目的主要知识点。

二、拓展

工作任务：将学生分组，每组 4~6 人，以小组成员的名义在 TEMU 平台完成产品的上架。

项目评价标准

评价内容	配分	评分标准	得分
产品主图拍摄	10	能拍摄曝光正常（3分）、构图科学（4分）、特征鲜明（3分）的产品图片	
产品详情页制作	10	能编辑、完善产品详情页（按 0/2/5/7/10 分评分）	
产品标题	10	能阐述"三段法"（按 0/2/5 分评分）并根据产品特征与热搜词库拟定产品标题（按 0/2/5 分评分）	
产品关键词	10	掌握关键词分类（5分）、关键词与标题关系（5分）相关内容	
	10	能根据产品特征挖掘产品关键词（按 0/2/5/7/10 分评分）	
产品定价	10	能采用竞争导向定价法为产品定价（按 0/2/5/7/10 分评分）	
	10	能阐述产品价格构成（按 0/2/5 分评分）与利润的分类（按 0/2/5 分评分）	
	10	能采用成本导向定价法为产品定价（按 0/2/5/7/10 分评分）	
产品上架	10	能阐述产品上架步骤（按 0/2/5/7/10 分评分）	
	10	能独立在跨境平台进行产品上架操作（按 0/2/5/7/10 分评分）	
合计		100	

项目四　跨境店铺营销与推广

学习目标

知识目标

1. 理解店铺营销活动在跨境电商中的核心作用，明确其对提升店铺曝光率和销售额的重要性。

2. 掌握店铺营销活动的种类与策略，包括限时折扣活动、满额赠品活动、会员专享活动、捆绑销售活动等，以及它们在不同情境下的应用。

3. 了解跨境电商平台（如亚马逊、速卖通、敦煌网、TEMU 等）活动的运作机制，包括大促活动、主题活动的参与条件和流程。

4. 理解 SNS 营销的基本概念及特点，以及它们在跨境电商中的应用。

5. 熟悉全球主要的 SNS 营销平台的规则和内容，以及各平台发展的侧重点。

6. 掌握跨境电商直播的特点、模式、发展趋势和面临的挑战等内容。

技能目标

1. 能够根据市场趋势和店铺需求，独立策划并执行有效的店铺营销活动，提升店铺的吸引力和竞争力。

2. 能够在跨境电商平台上寻找和申请适合店铺的活动，并有效地管理活动流程，确保活动的顺利进行。

3. 熟练运用 SNS 营销技巧，在社交媒体上发布内容、进行互动回复和数据分析，提高品牌曝光度和用户黏性。

4. 掌握跨境电商直播营销的特点和流程，能够策划直播内容、吸引观众、提高转化率等。

5. 能够根据主播特点和产品特点，选择合适的跨境电商直播模式，进一步提高产品的流量和销量。

素养目标

1. 具备对全球电商市场趋势的敏锐洞察能力，理解并尊重不同国家和地区的文化差

异，能够在店铺营销活动中融入文化敏感性，以更广泛和深入的方式吸引国际消费者。

2. 树立诚信经营的理念，遵守跨境电商平台的规则和国际法律法规，以诚信为本，赢得消费者的信任和忠诚。

3. 洞悉SNS营销的发展趋势，更好地利用SNS营销方式促进企业跨境电商业务的长远发展。

4. 针对主要站外平台的发展特点和企业自身管理、人员和产品等情况，科学合理地利用全球主要的SNS营销平台。

5. 敢于尝试新的营销手段和技术，如利用社交媒体、内容营销、跨境直播带货等新兴渠道和营销方式，提升店铺的曝光率、流量和销量。

随着跨境电商市场的日益繁荣，山东环球电子商务有限公司的跨境电商专员小李运营的跨境店铺逐渐步入正轨。在成功上传了多款产品并熟悉了跨境物流的运作之后，小李开始思考如何进一步提升店铺的曝光率和销售额。

经理注意到小李的积极态度，建议他深入研究跨境店铺的营销与推广策略。经理指出，虽然产品质量和物流服务是店铺成功的基础，但有效的营销和推广手段同样不可或缺。通过合理的营销策略，可以吸引更多的潜在买家，提高产品的点击率和转化率。

任务1　认识站内营销

任务详情

在经理的指导下，小李开始深入了解跨境店铺的站内营销手段。他了解到，站内营销包括店铺营销活动和平台活动，通过参与这些活动可以提升店铺的曝光率，提高产品的排名。

任务分析

小李根据经理的建议，去了解常见的店铺营销活动的种类与策略及跨境电商平台（如亚马逊、速卖通、敦煌网、TEMU等）活动的运作机制。常见的店铺营销活动包括限时折扣、满减优惠、赠品活动等，这些活动在不同情境下要灵活运用。

知识拓展：跨境电商新店铺推广

相关知识点

常见店铺营销活动主要有限时折扣活动、满额赠品活动、会员专享活动、捆绑销售活动等。

一、限时折扣活动

限时折扣活动是指在特定时间内，对指定商品提供折扣价格的促销活动。这种活动通过设定时间限制来刺激消费者的购买欲望，营造紧迫感，促使顾客在短时间内做出购买决定。

1. 应用场景

（1）新品上市：为新上架的商品提供限时折扣，吸引消费者的关注。

（2）节日促销：在重要节日或购物节（如"黑色星期五""双十一"）期间，提供限时折扣以吸引消费者抢购。"黑色星期五"活动海报如图 4-1 所示，"双十一"活动海报如图 4-2 所示。

图 4-1 "黑色星期五"活动海报

项目四 跨境店铺营销与推广 83

图 4-2 "双十一"活动海报

（3）库存清理：对即将过季或积压的库存商品进行限时折扣销售，以加速库存周转。

2. 优劣势

（1）优势：能迅速提高销售额，吸引新客户，增加客户复购率。

（2）劣势：频繁使用可能导致消费者对价格产生疑虑，影响品牌形象；价格敏感型消费者可能只在有折扣时购买，影响长期销售。

3. 注意事项

（1）活动时间设置。

结合库存量：活动时间设置应考虑商品库存量，避免在活动时间内因商品售罄而导致消费者体验不佳。例如，对于秒杀活动，商品数量不能太多，否则会给人"你的东西不受欢迎"的感觉。

避免无限期折扣：不要设置无限期的折扣活动，这会降低消费者对商品价值的感知，并可能影响品牌形象。

（2）折扣商品选择。

商品质量：选择高质量、有市场潜力的商品进行限时折扣，以确保消费者获得良好的购物体验并产生复购意愿。

避免售罄和新品：已经售罄的商品和上架不满 30 个自然日的新品不宜参与限时折扣活动。

价格策略：价格高于历史 90 天最低价的产品不适合进行折扣，因为这可能引发消费者的价格敏感和质疑。

（3）折扣力度与规则。

折扣力度适中：折扣力度不宜过大，一般不低于 5 折，以免影响消费者的信任感和宝贝权重。

规则清晰：活动规则应简单易懂，包括参与条件、折扣力度、购买限制等，避免消费者产生误解或纠纷。

限购设置：为了控制亏损，可以设置每人限购件数。

（4）活动宣传与推广。

多渠道宣传：利用线上线下多渠道进行活动宣传，如社交媒体、广告、门店公告等，以提高活动的曝光度和参与度。

提前预热：在活动开始前进行预热宣传，营造抢购氛围，吸引更多消费者关注。

（5）客户体验与服务。

优化购物流程：确保购物流程简单便捷，提高消费者的购物体验。

提供优质服务：在活动期间提供优质的客户服务，解答消费者疑问，处理售后问题。

（6）风险控制与应对。

预防虚假信息：警惕并预防活动期间的虚假信息和诈骗行为，保护消费者权益。

应对突发情况：制定应急预案，以应对可能出现的库存不足、系统故障等突发情况。

（7）数据跟踪与分析。

跟踪销售数据：实时跟踪销售数据，了解活动效果和消费者反馈。

评估活动效果：根据销售数据和消费者反馈评估活动效果，为未来的活动提供改进建议。

通过遵循以上注意事项，企业可以更加有效地开展限时折扣活动，吸引消费者关注并提升销售额。同时，企业还可以根据活动效果不断优化策略，提升品牌影响力和消费者满意度。

二、满额赠品活动

满额赠品活动是指在消费者购物金额达到一定数额时，额外赠送商品或礼品的促销活动。

1. 应用场景

（1）搭配销售：通过满额赠品鼓励消费者购买更多商品，提高客单价。

（2）新品推广：为新品提供满额赠品，吸引消费者尝试购买。

2. 优劣势

（1）优势：通过赠品增加商品附加值，提高消费者满意度；促进商品销售，增加店铺利润。

（2）劣势：赠品成本可能增加营销费用；赠品库存管理需要额外注意。

3. 注意事项

（1）赠品选择与质量控制。

赠品选择：赠品应与主要商品相关或具有吸引力，能够提升消费者的购买欲望。赠品的选择要考虑目标消费者的喜好和需求。

质量控制：确保赠品的质量与主要商品相当或更高，避免赠品质量低劣影响消费者的购物体验和店铺形象。

（2）赠品库存与物流管理。

库存充足：提前预估活动期间的销量，并准备充足的赠品库存，以避免因赠品缺货影响消费者的购物体验。

快速发货：确保赠品与主要商品一同发货，避免消费者等待赠品的时间过长。

物流跟踪：提供赠品物流跟踪信息，让消费者能够随时了解赠品的发货和配送状态。

（3）活动规则与宣传。

规则清晰：在活动开始前，明确并公布满额赠品的规则，包括满额金额、赠品数量、领取方式等，避免消费者产生误解或纠纷。

宣传到位：通过店铺首页、社交媒体、电子邮件等多种渠道进行活动宣传，提高活动的曝光率和参与度。

（4）赠品领取与售后服务。

领取方式：提供多种赠品领取方式，如在线领取、门店领取等，方便消费者根据自己的需求选择。

售后服务：对于赠品出现的质量问题或消费者提出的疑问，及时提供售后服务和解决方案，确保消费者满意。

（5）财务与成本控制。

成本控制：在选择赠品时，要充分考虑成本因素，确保赠品的成本不会过高而影响整体利润。

财务记录：对赠品的采购、库存、发货等环节进行详细的财务记录，确保活动的财务清晰透明。

综上所述，满额赠品活动的注意事项涵盖了赠品选择与质量控制、赠品库存与物流管理、活动规则与宣传、赠品领取与售后服务、财务与成本控制等方面。只有充分考虑这些方面并做好准备，才能确保活动的成功举行并达到预期效果。

三、会员专享活动

会员专享活动是指针对店铺会员提供的专属优惠或特权活动，以增强会员的忠诚度和活跃度。

1. 应用场景

（1）会员日：设立会员日，为会员提供专享折扣、优惠券等福利。

（2）积分兑换：设立积分系统，允许会员使用积分兑换商品或优惠券。

2. 优劣势

（1）优势：提高会员的忠诚度和复购率，通过会员口碑传播提升品牌形象。

（2）劣势：可能增加运营成本，非会员可能产生排斥。

3. 注意事项

（1）活动设计与目标。

明确活动目标：首先确定活动的主要目标，如吸引新会员，提高会员活跃度，促进会员消费行为等。

活动内容设计：根据目标设计活动内容，如会员注册奖励，会员专属折扣，积分翻倍等。

设置合理的参与门槛：确保参与门槛适中，既能保证活动的广泛参与性，又能体现会员特权。

（2）活动宣传与推广。

多渠道宣传：通过店铺首页、社交媒体、电子邮件等多种渠道进行活动宣传，提高活动的曝光率。

宣传内容真实可信：避免夸大其词或虚假宣传，确保宣传内容真实可信，以维护商家的信誉和消费者的利益。

（3）活动规则与流程。

规则清晰明了：活动规则应简单易懂，避免消费者产生误解或纠纷。同时，规则应明确活动时间、参与条件、奖品设置、领取方式等关键信息。

流程顺畅便捷：确保活动流程顺畅便捷，如报名、验证、领取等环节应尽可能简化，提高消费者的参与体验。

（4）会员管理与服务。

建立会员管理系统：建立完善的会员管理系统，用于追踪会员的活动参与情况、积分累计情况等。

提供优质服务：为会员提供优质的服务，如客服支持、售后服务等，确保会员在活动过程中获得良好的体验。

（5）奖品与赠品管理。

奖品设置合理：根据活动目标和预算设置合理的奖品，确保奖品能够吸引会员参与并体现会员特权。

赠品质量控制：确保赠品的质量与主要商品相当或更高，避免因赠品质量低劣而影响消费者的购物体验和店铺形象。

（6）财务与成本控制。

预算合理：根据活动目标和规模制定合理的预算，确保活动在财务上可行。

成本控制：在活动过程中控制成本，避免不必要的浪费，确保活动的营利性。

（7）法律与合规。

遵守法律法规：确保活动符合相关法律法规的要求。

保护会员隐私：在收集和使用会员信息时，应遵守相关法律法规，确保会员隐私得到保护。

综上所述，会员专享活动的注意事项涵盖了活动设计与目标、活动宣传与推广、活动规则与流程、会员管理与服务、奖品与赠品管理、财务与成本控制以及法律与合规等方面。在举办活动时，应充分考虑这些方面，确保活动的成功举行并达到预期效果。

四、捆绑销售活动

捆绑销售活动是指将两种或多种商品组合在一起，以优惠价格销售的营销活动。

1. 应用场景

（1）套餐销售：将相关商品组合成套餐销售，如化妆品套装、电子产品配件套装等。

（2）互补品销售：将互补性强的商品捆绑销售，以提高整体销售额。

2. 优劣势

（1）优势：通过组合优惠吸引消费者购买更多商品，提高销售额和利润。

（2）劣势：消费者可能只关注优惠价格而忽略实际需求，可能影响单一商品的销量。

3. 注意事项

（1）合规性问题。

遵守相关法律法规：捆绑销售的实施需要严格遵守相关法律法规，特别是反垄断法等，以避免价格歧视、排除竞争等违法行为。

注意税收法规：在实施捆绑销售时，要确保符合相关税收法规的规定，防止因操作不当而增加企业的税收负担。

（2）产品组合问题。

合理性：捆绑销售的产品组合应考虑其合理性，即产品之间应具有一定的关联性，能够满足消费者的实际需求。

主次分明：在组合产品时，应分清主次，确保主产品的价格和价值高于或至少与捆绑产品相当，避免让消费者产生被误导的感觉。

避免过度捆绑：不要在一个捆绑销售中放入过多产品，特别是避免包含过多相似或竞争性的产品，以免增加消费者的选择难度和降低购买意愿。

（3）价格定价问题。

合理性：捆绑销售的价格应合理，既要满足消费者的购买心理，又要保证企业的利润。价格过高可能降低购买意愿，价格过低则可能影响品牌形象。

优惠性：捆绑销售的价格应低于单独购买这些产品的总价，以体现优惠性，吸引消费者购买。

（4）宣传与推广。

清晰明了：宣传和推广材料应清晰明了地展示捆绑销售的产品组合、价格及优惠等信息，避免让消费者产生误解。

强调优势：突出捆绑销售的优势，如价格优惠、产品搭配合理等，提高消费者的购买意愿。

（5）客户体验。

简化购买流程：确保购买流程简单明了，减少消费者的决策时间和购买难度。

提供优质服务：提供优质的售后服务和客户支持，确保消费者在购买和使用过程中获得良好的体验。

（6）数据跟踪与分析。

跟踪销售数据：实时跟踪捆绑销售的销售数据，了解销售情况和消费者反馈。

分析效果：根据销售数据和消费者反馈分析捆绑销售的效果，及时调整策略以提高销售效果。

综上所述，捆绑销售活动的注意事项涵盖了合规性、产品组合、价格定价、宣传与推广、客户体验以及数据跟踪与分析等方面。在实施捆绑销售活动时，应充分考虑这些方面，确保活动的顺利进行并达到预期效果。

任务实施

小李已经了解了常见的店铺营销活动，并进行了对比分析，为自主设计店铺营销活动打下了良好基础。同时，结合相关平台，设计了站内营销活动。

一、常见店铺营销活动对比分析

常见店铺营销活动已经在上文中进行了详细讲述，这里再次将各种店铺营销活动的应用场景及优劣势以表格的形式进行对比。店铺营销活动比较如表4-1所示。

表4-1　店铺营销活动比较

序号	店铺营销活动	应用场景	优势	劣势
1	限时折扣活动	（1）新品上市：为新上架的商品提供限时折扣，吸引消费者的关注。 （2）节日促销：在重要节日或购物节（如"双十一""黑色星期五"）期间，提供限时折扣以吸引消费者抢购。 （3）库存清理：对即将过季或积压的库存商品进行限时折扣销售，以加速库存周转	能迅速提高销售额，吸引新客户，增加客户复购率	频繁使用可能导致消费者对价格产生疑虑，影响品牌形象；价格敏感型消费者可能只在有折扣时购买，影响长期销售

续表

序号	店铺营销活动	应用场景	优势	劣势
2	满额赠品活动	（1）搭配销售：通过满额赠品鼓励消费者购买更多商品，提高客单价。（2）新品推广：为新品提供满额赠品，吸引消费者尝试购买	通过赠品增加商品附加值，提高消费者满意度；促进商品销售，增加店铺利润	赠品成本可能增加营销费用，赠品库存管理需要额外注意
3	会员专享活动	（1）会员日：设立会员日，为会员提供专享折扣、优惠券等福利。（2）积分兑换：设立积分系统，允许会员使用积分兑换商品或优惠券	提高会员的忠诚度和复购率；通过会员口碑传播提升品牌形象	可能增加运营成本；非会员可能产生排斥
4	捆绑销售活动	（1）套餐销售：将相关商品组合成套餐销售，如化妆品套装、电子产品配件套装等。（2）互补品销售：将互补性强的商品捆绑销售，以提高整体销售额	通过组合优惠吸引消费者购买更多商品，提高销售额和利润	消费者可能只关注优惠价格而忽略实际需求，可能影响单一商品的销量

二、平台营销活动

在跨境电商中，站内营销是提升商家店铺曝光率、吸引流量、促进销售的重要手段。平台活动作为站内营销的一种有效方式，具有集中流量、高效转化的特点。

（一）TEMU 平台活动

自进军海外以来，TEMU 延续国内主站通过大量补贴来引流的策略，并推出了一系列优惠措施。通过邀请好友下载注册的方式，用户可以获得 20 美元的奖励。此外，TEMU 还推出了"用户晒单赢奖金"等活动。对于新注册的用户，如果订单满 60 美元，就会获得一张满减 30 美元的优惠券。首单折扣商品，折扣力度高达 90%。"砍一刀""拼团"等邀请+返现的裂变策略则是 TEMU 的惯用方式，消费者可以通过邀请新用户来获得直接优惠折扣或现金奖励。

此外，TEMU 聚焦低价策略，打造极致性价比。在产品端，为了打造极致低价，在供应商招募及选品环节，TEMU 将同类平台中最低价作为核心标准，严格控价。在产品选择上，TEMU 更偏向性能简单但价格更低的高性价比款式。在平台端，平台推出了多项折扣，如"1 美分选 1""UPTO90%OFF"等。同时，设置了免运费等优惠策略，将性价比贯彻到极致，从而极大地提升了用户的购物体验。

如 TEMU 卖家想查看并参与平台活动，其操作示范如下：

（1）登录"TEMU 卖家中心—店铺营销—营销活动"进入活动列表页查看当前活动，如图 4-3 所示。

图 4-3　查看活动列表

（2）如果想参加活动，单击"去报名"按钮，如图 4-4 所示。

图 4-4　参加活动

（3）等待系统载入。
（4）查看活动介绍，按显示的报名方式完成报名，如图 4-5 所示。

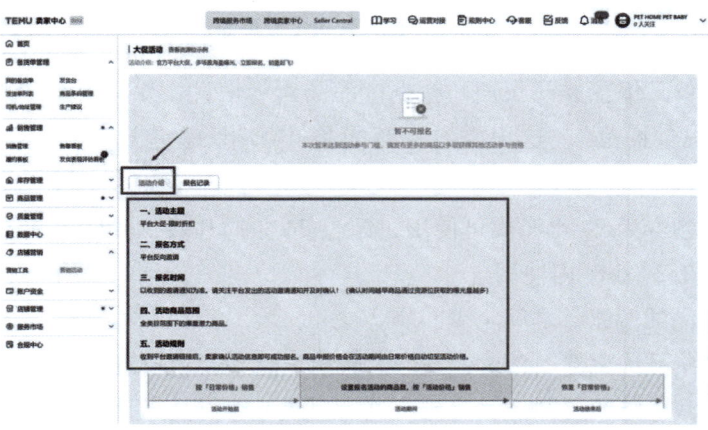

图 4-5　查看活动介绍

项目四　跨境店铺营销与推广 91

(5) 报名后，可在"报名记录"中查看和管理，如图 4-6 所示。

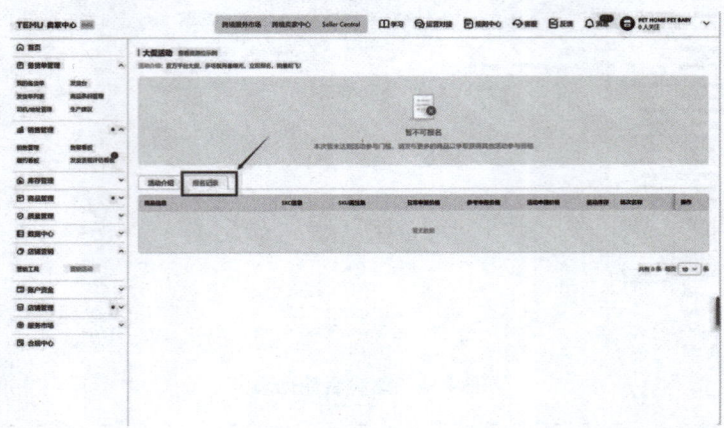

图 4-6　查看报名记录

另外，我们使用 TEMU 平台站内营销工具，完成"创建单品优惠券"。

首先，在"店铺营销"选项单击下拉按钮，找到"营销工具"，并用鼠标点击，页面右侧出现单品优惠券，单击"立即创建"按钮，如图 4-7 所示。

图 4-7　进入营销设置页面

进入"创建单品优惠券"页面，根据产品的营销信息，如实填写"券名称""发券时间"，选择"发券商品"。这里需要注意的是：TEMU 平台规定了单品优惠券的使用条件。

（1）消费者领券后 24 小时内可使用，超过 24 小时作废。如消费者在发券时间最后一天领取，仍可在 24 小时内使用。

（2）同一商品的两张券之间至少间隔 24 小时。

如果参加"单品优惠券"的商品较多，也可以选择批量设置。

设置完成后，选择"已同意并查看《单品优惠券功能使用须知》"，最后单击"确认创建"按钮，完成创建，如图 4-8 所示。

图 4-8　完成创建

（二）亚马逊平台活动

亚马逊站内营销工具主要包括站内广告、A+图文页面、秒杀活动、优惠折扣和店内促销等，这些工具可以帮助卖家提高产品的曝光率，吸引更多流量，从而增加销量。

站内广告（Campaign Manager）：卖家可以根据自己的产品和预算，通过自动或手动的方式设置站内广告，使 Listing 的搜索结果排名靠前。站内广告的基本操作设置主要是关键词的匹配，亚马逊系统提供了宽泛匹配、词组匹配和短语匹配三种方式。在广告运行中，卖家要根据广告数据反馈进行有针对性的优化，包括广告关键词的更改与添加、广告竞价的涨降、日预算的调整等。

A+图文页面（Enhanced Brand Content）：只有注册了商标做了 GCID 备案的卖家才可以设置 A+图文页面，通过丰富产品详情页面的内容，增加买家的页面访问时间，使其更了解产品，从而增加购买欲望。

秒杀活动（Lightning Deals）：秒杀活动是一个非常好的引流利器，参加秒杀活动的产品，在秒杀期间流量会大幅增长，订单量也会飙升。但选择产品时一定要考虑产品是否适合参加秒杀活动。

优惠折扣（Coupons）：设置优惠折扣的产品在搜索结果页面的 Listing 上面会有一个非常显眼的 Coupons 标签，可以提升流量。合理运用优惠折扣对运营有一定程度上的作用。

店内促销（Promotions）：店内促销虽然不能带来明显的销量增加，因为亚马逊平台的理念是"重产品，轻店铺"，导致买家很少去店铺浏览。但店内促销仍然是一种营销手段，可以在一定程度上提升产品的曝光率和吸引力。

任务总结

本任务介绍了常见店铺营销活动以及平台推广活动。通过学习，同学们应掌握店铺营销活动的种类与策略，包括限时折扣活动、满额赠品活动、会员专享活动、捆绑销售

项目四　跨境店铺营销与推广　93

活动等。此外,要了解跨境电商平台(如亚马逊、速卖通、敦煌网、TEMU 等)活动的运作机制,包括大促活动、主题活动的参与条件和流程。请根据掌握的知识,完成表 4-2。

表 4-2　知识技能总结

类别	内容	学生总结	教师点评
知识点	店铺营销活动的分类		
	各类店铺营销活动操作的注意事项		
	亚马逊、速卖通、敦煌网、TEMU 等跨境电商平台营销与推广方式		
技能点	独立策划并执行营销活动策略		

任务 2　站外营销

任务详情

在了解站内营销之后,小李发现商品的流量仍然没有达到预期。小李带着疑问去请教经理,经理建议小李学习站外营销,以提高商品的点击率和转化率。

任务分析

小李根据经理的建议,通过专业书籍和网站知识,熟悉站外营销的含义、特点等基本内容。随后,查询和浏览全球主要的站外营销平台,进一步了解各平台的内容和特点,并结合企业自身情况,向经理提出利用站外营销提升产品点击率和转化率的建议,以扩展企业的营销渠道。

相关知识点

一、SNS 营销的概念

SNS,全称 Social Networking Services,即社会性网络服务,主要作用是为一群拥有相同兴趣与活动的用户建立线上社区,旨在帮助用户建立社会性网络的互联网应用服务。此类服务基于网际网路,为用户提供各种联系、交流的交互通路,如电子邮件、分享活动、共享活动和即时消息服务等。服务网站通常通过朋友间传播和递进延展,类似树叶的脉络,也被称作"病毒营销"。

知识拓展:跨境电商营销模式

94　跨境电商实务

二、SNS 营销的特点

1. 用户资源广

随着全球网络的普及和社交媒体的兴起，网络用户根据自身的偏好，寻找适合自身需求的服务、平台和商品，使 SNS 用户资源得以快速扩展。

2. 传播速度快

SNS 基于人际网络传播，具有短时的高度可传播复制性，能在短时内集聚高人气和关注度，实现爆发式的快速传播。

3. 用户体验性强

由于 SNS 平台资源广泛，用户可以在平台上方便快捷地寻找需要的服务和商品，并分享给周围的朋友，这极大地提高了用户体验。

4. 互动对话性强

用户可以在 SNS 平台讨论与分享关注和喜欢的话题，也可以通过投票和提问等方式，引起受众的自发关注和主动传播，通过双向互动，搭建沟通桥梁，从而扩大自身影响和实现品牌传播目标。

SNS 营销在全球发展迅速，打破了地域、语言和文化等方面的限制，已经成为深受广大用户欢迎的一种网络交际、休闲和购物模式，并逐渐成为企业营销的重要手段。

三、SNS 营销的技巧

1. 快速增加好友

通过购买市面上的邮箱导入好友；购买网红粉丝店铺产品，并分享该产品，反向加强自身账号影响力；进行同等量级账号交换好友。

2. 加强阶段性推广

阶段性推广分为以下四个阶段：

（1）店铺发布期：提高访问量，重视点击率。

（2）店铺增长期：各渠道营销，重视转化率。

（3）店铺稳定期：稳定销售额，重视复购率。

（4）店铺突破期：突破瓶颈，重视新产品和新服务。

3. 进行重点商品推广

通常大于 100 美元的订单决定了店铺的销售额，因此网站广告引流和营销重点应该是大于 100 美元的客户和潜在客户，要对上述客户开展有针对性的重点商品推广，提高客户黏性和满意度。

任务实施

为了吸引更多的客户，以提高商品的流量和销量，小李通过浏览专业书籍和网站知识，结合企业自身情况和产品特点，详细了解了海外常见的社交媒体营销平台。

一、Facebook

Facebook 是全球最大的社交网络平台，于 2004 年 2 月 4 日上线，用户数量庞大，为跨境电商 SNS 营销提供强大的数据支持。Facebook 登录页面如图 4-9 所示。

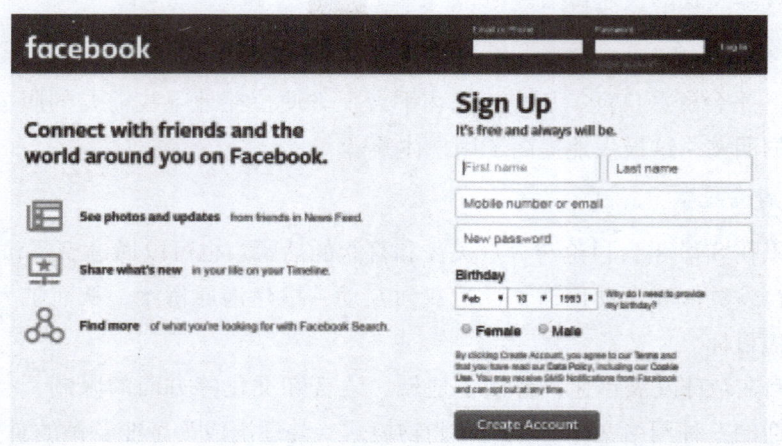

图 4-9　Facebook 登录页面

从事跨境电商的企业在考虑 SNS 营销时，首先考虑 Facebook，但是不要急于进行广告发帖，因为 Facebook 在为企业提供更周全服务的同时，各种要求也越来越严苛。

Facebook 主页分为个人主页和公共主页，公共主页主要有六种类型：地方性商家或地点、公司组织或机构、品牌或产品、艺人乐队或公众人物、娱乐、理念倡议或社区小组。一般跨境电商营销推广会选择"品牌或产品"。

创建 Facebook 主页需要填写相关的信息，第一部分为主页简介，可包含产品关键词，但不要重复，应填写尽可能多的相关词汇，以提高主页的搜索排名；第二部分为网址填写，可以是店铺链接或产品官网地址；第三部分为主页账号设置，应添加主页网址的后缀，例如 Nike 的主页账号为：http://www.facebook.com/nike。

此外，在填写"首选主页受众"时，添加合适的国家（地区）、年龄、性别、兴趣等，根据主页类型选择相应的受众特征，缩小受众范围，以便 Facebook 对受众进行精准定位，让更多人关注主页，提高主页流量。

二、Instagram

Instagram 的灵感源自柯达 Instamatic 系列相机，其操作简单、便捷，可随时随地记录生活。Instagram（以下简称 Ins）是一款支持 iOS 和 Android 的移动 App，仅支持手机应用，因为它的初衷就是抓拍和记录生活中每一个值得纪念的瞬间。Instagram 页面如图 4-10 所示。

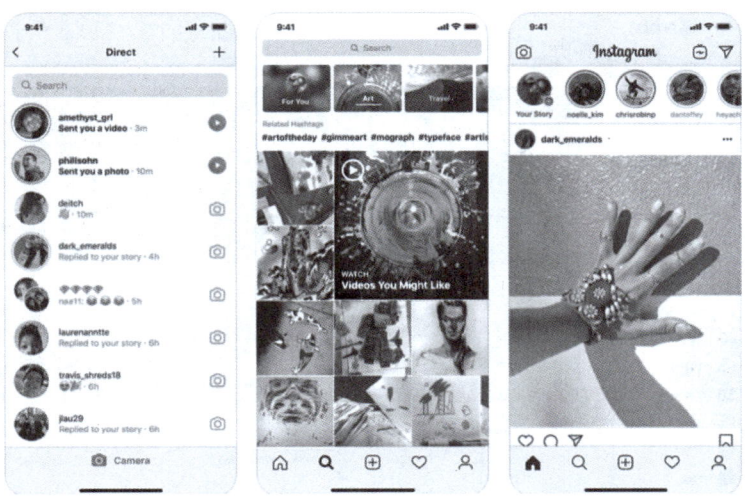

图 4-10　Instagram 页面

Instagram 的营销技巧主要有以下几点：

（1）利用 bitly.com 追踪 Ins 的流量来源，将链接放到个人资料中，就可以查看到该链接的流量来源，对于卖家营销活动，这是非常重要的环节。

（2）每次更新帖子时，将简介部分换成登录页面的地址，方便用户找到卖家，有利于用户获得更多网站订阅，或者将简介部分换成产品活动的链接，方便用户单击后直接购买产品。

（3）寻找机会与其他品牌做交叉推广。几乎所有产品种类都在 Ins 上做广告，寻找一些与企业产品互补或者相关的品牌合作，相互推广，互换流量，重点寻找和自己实力相当的卖家，提高合作的成功率。

（4）将用户带到你的销售漏斗中。想办法获得粉丝的真实邮箱，以进行更进一步的营销，获取方式多种多样，例如可以举办活动让粉丝留下邮箱等联系方式。

（5）在 Ins 上做付费广告，广告方式与 Facebook 类似，但总体来说，Ins 上的广告效果比 Facebook 更好。

（6）找合适的网红帮助推广，很多人认为找网红费用很高，其实不然，网红发帖可以说是 Ins 上最便宜的营销方式，找到合适的网红推广，可以极大地提升流量。

（7）把图片和视频混合起来发布，Ins 支持一分钟以内的小视频，随着用户习惯的改变，现在有趣的小视频更能吸引用户。

三、YouTube

YouTube 是一个视频网站，公司早期位于美国加利福尼亚州的圣布鲁诺，注册于 2005 年 2 月 15 日，由美国华裔陈士骏等人创立，目的在于让用户下载、观看及分享视频

或短片。2006 年 11 月，YouTube 被 Google 公司收购。2015 年 2 月，央视首次把春晚推送到 YouTube 等境外网站。YouTube 页面如图 4-11 所示。

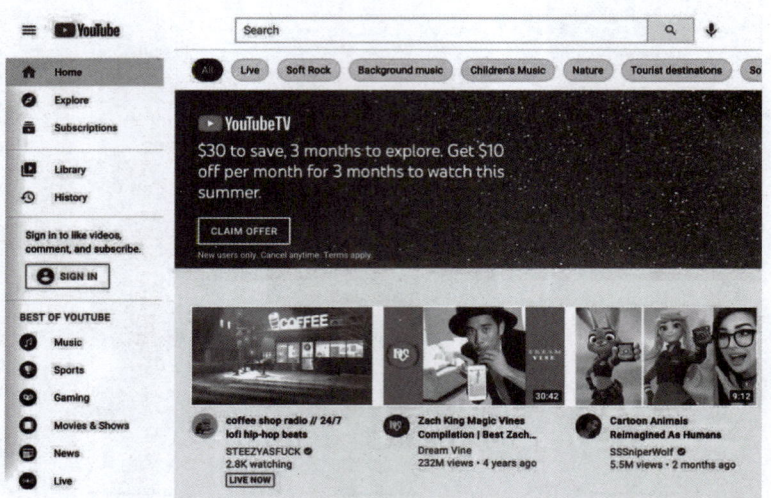

图 4-11　YouTube 页面

在 YouTube 上，每个月有超过 10 亿的独立访客，每天则有超过 3 000 万的使用者。YouTube 的海量数据，给跨境电商又提供了一条营销之路。

在搜索引擎优化方面，YouTube 有独特的算法规则，如何根据规则的指引，最大化优化内容、增加被搜索人群检索的概率，就是 YouTube 营销的重头戏。YouTube SEO 规则主要有以下几方面：

1. 标题

标题在搜索中权重最大，这与很多电商平台的规则一致。标题中应展示与视频高度相关的关键词，总字符控制在 70 个左右为最佳。YouTube 根据用户观看视频的时长来确定权重，观看越久，权重越高。因此，制作优质的视频和配上优质的标题，才是在 YouTube 上营销正确的选择。

2. 说明

说明用来描述视频内容，字符通常控制在 160 个左右，可以简述视频的主要内容，或者根据视频强调要点进行补充说明，该功能可以加深观看者对视频的理解，使他们能更好地浏览视频。同时，也可以在说明部分插入相关流量导向的链接，引导观众访问相关页面。

3. 标签

添加视频标签可以在很大限度上增加视频被检索到的概率，标签关键词通常由类目词+核心词、品牌+类目词、品牌+核心词组成。

四、Pinterest

Pinterest 是世界上最大的图片社交分享网站。网站允许用户创建和管理主题图片集合，如事件、兴趣和爱好。Pinterest 是由本·西尔伯曼、保罗·夏拉和埃文夏普创建的。网站采用瀑布流的形式展现图片，无须用户翻页，新的图片即可不断地自动加载在页面最底端，让用户不断发现新图片。Pinterest 页面如图 4-12 所示。

图 4-12　Pinterest 页面

Pinterest 的营销方法相对简单，但要注意以下事项：

（1）图片的品质要高。Pinterest 是一个以图片为主的平台，从色彩和构图角度吸引用户，才能引起用户的共鸣。

（2）Board 优化。按照不同的产品将 Board 进行分类，并且除了推广产品，还可以创建一个休闲娱乐的 Board，让用户感受到推广者的用心和温暖。

任务总结

本任务介绍了 SNS 营销的基本内容、海外主流社交媒体平台。通过学习，同学们要掌握海外社交媒体及平台的特点及引流注意事项等。请根据掌握的知识，完成表 4-3。

表 4-3　知识技能总结

类别	内容	学生总结	教师点评
知识点	SNS 营销的含义和特点		
	常见的海外社交媒体平台		
技能点	能够以宠物用品为主题进行国际营销策划		

任务3　跨境电商直播

任务详情

在充分熟悉站内营销和站外营销的内容后，商品的流量和销量依然没有达到预期目标。面对此种情况，小李在同经理沟通后，计划采用跨境电商直播模式，以吸引客户，提高商品的流量和销量。

任务分析

近年来，新兴的各大跨境电商平台的流量数据暴涨，"直播"更是成为流量爆发最明显的渠道。小李按照计划，开始实施跨境电商直播营销模式。

相关知识点

一、跨境电商直播的含义

跨境电商直播是指利用互联网平台（站内和站外营销平台），在不同国家和地区之间进行实时直播营销活动。在全球数字化时代，随着国内外交流的迅速发展，跨境电商直播已成为一种世界流行的全新营销方式。商家可以通过跨境电商直播展示产品、与观众互动、解答问题等方式，吸引潜在客户并促成交易。

二、跨境电商直播的特点

相比站内和站外营销方式，跨境电商直播具有以下特点：

第一，跨境电商直播可以实现实时互动，增加用户的参与感，增强购物体验，提升用户的购买欲望。

第二，跨境电商直播可以帮助商家展示产品的特点和使用方法，提高产品的曝光率，用户可以观察到商品的真实状态，增强商家和用户的信任度。

第三，跨境电商直播可以打破地域和时间限制，极大地便利全球的商家和用户，扩大目标市场和客户群体。

第四，跨境电商直播可以实现快速传播，依托于社交媒体的强大传播力，优质的直播内容能迅速吸引大量观众，形成口碑效应。

三、跨境电商直播的模式

1. 根据使用平台不同分类

根据使用平台的不同类型，跨境电商直播分为平台模式、商家模式和独立主播模式三种类型。平台模式是指由电商平台提供直播场地和服务，邀请主播和商家入驻；商家模式是指商家自己或通过合作的主播在平台上进行直播带货；而独立主播模式则是指个人主播通过各类社交平台进行商品推介和销售。

2. 根据直播内容和形式不同分类

根据直播内容和形式的不同，跨境电商直播分为专业评测型、明星效应型、知识讲解型。专业评测型直播通常由具备专业知识的主播进行，专业主播会详细测试并解释产品的功能和性能；明星效应型直播则利用明星或网红的人气吸引粉丝观看和参与直播活动，并购买商品；知识讲解型直播则侧重于向消费者传授相关产品的知识和使用技巧，进而吸引用户购买相关产品。

四、跨境电商直播的发展趋势

随着科技的快速更新，跨境电商直播的发展呈现出强劲的增长势头和广阔的市场前景。

（1）更加注重应用技术创新成果。随着技术的不断发展，特别是 AI 技术的应用，跨境电商直播平台将会不断进行技术创新，积极使用增强现实技术、虚拟现实技术等新技术成果，提升用户体验和购物乐趣。

（2）更加注重内容优化和简洁。跨境电商直播平台将会更加注重内容的质量和创新，推出更多具有吸引力、影响力和互动性强的内容，以使直播内容更加优化和简洁，适应高节奏的社会发展趋势，吸引更多用户，特别是年轻用户的关注和参与。

（3）更加注重推动行业整合集中。随着跨境电商直播竞争的加剧，相关行业将会出现更多的整合与并购，形成行业的集中趋势和规模效应，减少无谓竞争，推动行业的进一步发展和壮大。

五、跨境电商直播面临的挑战

1. 内容审核

跨境电商直播平台面临着内容审核的难题，如何保证直播内容的合法性和健康性，特别是各国（地区）对直播不同的和复杂的法律法规规定，是跨境电商直播平台需要重点关注和解决的问题。

2. 竞争加剧

随着跨境电商直播行业的火爆，竞争也在不断加剧，如何在激烈的竞争中脱颖而出，成为行业的领头羊，是跨境电商直播平台需要思考和应对的挑战。

3. 语言障碍

语言障碍在跨境电商直播的各个环节中表现尤为明显，尤其是在直播内容、产品营销和客户服务领域，实时交流和理解不畅，严重影响了用户参与直播活动的体验和兴趣。

项目四　跨境店铺营销与推广　101

跨境电商直播作为一种新兴的国际销售模式，正在逐渐改变着全球用户的消费方式和购物习惯，成为外贸行业的新宠。然而，随之而来的是更多的机遇和挑战，只有不断创新和进步，才能在激烈的竞争中立于不败之地，引领全球新零售时代的消费革命。

任务实施

与国内的直播相比，国外的直播更偏娱乐性，小李去调研了新兴的海外直播平台。

一、TikTok

TikTok 是抖音集团旗下的短视频社交平台，全球总部位于洛杉矶和新加坡，办公地点包括纽约、伦敦、都柏林、巴黎、柏林、迪拜、雅加达、首尔和东京等。用户直接通过手机捕捉、呈现创意及重要时刻，并在 TikTok 上创作、浏览短视频。TikTok 页面如图 4-13 所示。

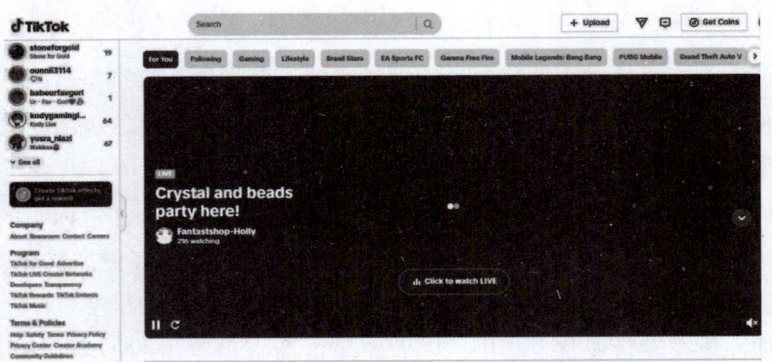

图 4-13 TikTok 页面

2016 年，TikTok 由字节跳动集团推出，最初以"抖音"为名在中国市场推广。随后，于 2017 年下半年出海，面向国际市场更名为"TikTok"。TikTok 推出后短时间内风靡全球，曾多次登上美国、印度、德国、法国、日本、印尼和俄罗斯等地 App Store 或 GooglePlay 总榜首位。截至 2024 年 4 月，其全球下载量已超 49.2 亿次，月活用户超 15.82 亿，覆盖全球 150 多个国家和地区，是最受全球欢迎的应用之一。

需要注意的是，TikTok 账号达到 1 000 粉丝，即可在个人主页简介处挂亚马逊、速卖通、eBay、Etsy 等电商平台或 Shopify、Opencart 等电商独立站链接，利用短视频内容引导用户点击链接购买商品。

二、Amazon Live

Amazon Live 是 2019 年 2 月由亚马逊平台推出的，目的是向网红以及品牌方提供直播平台，消费者在直播间即可下单购买。Amazon Live 还配备了聊天功能，实现消费者与直播间主持人的实时互动。Amazon Live 页面如图 4-14 所示。

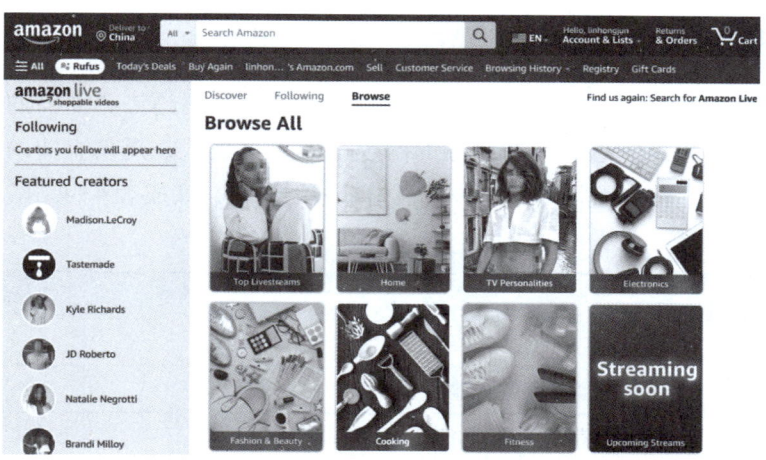

图 4-14　Amazon Live 页面

Amazon Live 直播主要以产品演示和购物体验为主，帮助消费者了解产品的特点和优势，直播带货更加专注于产品本身和购买决策。

三、NTWRK

NTWRK 平台创立于 2018 年，总部位于美国的洛杉矶，是北美主流电商直播平台。它主要面向千禧一代的消费者，为创作者提供一个与消费者实时互动并推荐商品的空间，将娱乐和商业融为一体，让品牌、艺人和创作者有能力创作并销售独家产品。NTWRK 页面如图 4-15 所示。

知识拓展：跨境电商常规产品和店铺推广

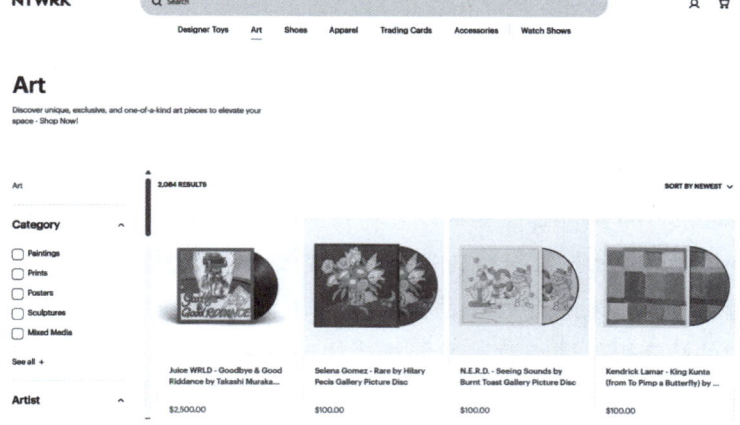

图 4-15　NTWRK 页面

NTWRK 平台会在每日开售独家产品，通过具有吸引力的直播带货形式以及流畅的购买流程，为消费者创造愉快的购物体验。

用户可以通过 NTWRK 手机 App 收听流行文化明星主播节目，或者在直播节目中与其他用户一起交流心得，在 App 和官网购买最新限量产品。

任务总结

本任务介绍了跨境电商直播的含义、特点、模式、发展趋势和面临的挑战等内容，要根据主播特点和产品特点，选择合适的跨境电商直播模式，提高企业的流量和销量，同时规避跨境电商直播中面临的问题。请根据掌握的知识，完成表4-4。

表4-4 知识技能总结

类别	内容	学生总结	教师点评
知识点	跨境电商直播的含义、特点		
	跨境电商直播的类型		
	跨境电商直播的发展趋势		
	跨境电商直播面临的挑战		
技能点	能够以宠物用品为主题进行跨境电商直播		

【素养小课堂】

出海中东的电商黑马——AjMall

AjMall 是北京蹭蹭蹭信息技术有限公司旗下的一个出海移动电商平台，于 2018 年 8 月 20 日正式上线。AjMall 扎根于东亚，瞄准海外新兴市场，为全球消费者提供衣服、饰品、彩妆、鞋包、家居、母婴、电子等多个品类的产品。

素养拓展：锻造工匠精神

针对中东地区，在女性服装上，AjMall 专门设置阿拉伯服装的分类，通过加入本地化的元素来捕获大批沙特和阿联酋的粉丝。同时在市场营销上，AjMall 利用斋月、开斋节、宰牲节等重大节假日策划大型优惠活动，从而获得大量订单。AjMall 也和中东地区的不同类型的网红进行电商营销合作。AjMall 官方账号在 Facebook 和 Instagram 上有过万的粉丝，平时也会通过这些社交平台来推广产品。AjMall 与 YouTube 合作基本以开箱视频结合口播进行（中东地区的传统女生不露脸）；与 Instagram 上的网红进行付费合作，主要是通过图文推广、平台折扣加上博主自身折扣码等合作方式来进行 KOL 营销推广。

中东市场中的社交媒体网红营销发展相当快速，调查显示：在阿联酋，71%的消费者会对网红博主推荐过的产品感兴趣，63%的消费者在购买美妆产品时是根据网红博主们推荐决定的。

（文章来源：搜狐网，https://www.sohu.com/a/306381240_120099412）

能力检测

一、单项选择题

1. 在跨境电商店铺营销中，关于限时折扣活动的描述，以下选项不正确的是（   ）。

   A. 限时折扣活动适用于新品上市，以吸引消费者关注

   B. 节日促销期间，商家不应提供限时折扣以吸引消费者抢购

   C. 对积压的库存商品进行限时折扣销售，有助于加速库存周转

   D. 折扣商品选择时，应避免选择已经售罄的商品和上架不满 30 个自然日的新品

2. 在跨境电商店铺中，关于满额赠品活动的注意事项，以下选项不属于核心考虑因素的是（   ）。

   A. 赠品选择与质量控制，确保赠品与主要商品相关或具有吸引力，且质量上乘

   B. 赠品库存与物流管理，确保库存充足、快速发货和提供物流跟踪信息

   C. 活动规则与宣传，规则清晰并通过多种渠道进行宣传，提高活动曝光率

   D. 赠品定价与市场竞争，确保赠品价格具有竞争力，以吸引更多消费者

3. 在跨境电商店铺中，关于会员专享活动的注意事项，以下描述不准确的是（   ）。

   A. 活动设计与目标应明确，包括设定吸引新会员、提高会员活跃度等目标

   B. 活动宣传应多渠道进行，但宣传内容无须完全真实，以吸引更多会员参与

   C. 活动规则应清晰明了，包括活动时间、参与条件、奖品设置等关键信息

   D. 会员管理系统应完善，用于追踪会员的活动参与情况和积分累计情况

4. 以图片为主要特点的社交软件是（   ）。

   A. Facebook   B. Instagram

   C. YouTube   D. Pinterest

5. 拥有个人主页和公共主页的社交软件是（   ）。

   A. Facebook   B. Instagram

   C. YouTube   D. Pinterest

6. 从中国走向世界的跨境电商直播平台不包括（   ）。

   A. Youtube   B. TikTok

   C. TEMU   D. 速卖通

7. 跨境电商直播主要利用（   ）平台进行实时直播营销活动。

   A. 电视   B. 互联网

   C. 广播   D. 报纸

8. 以下哪种特点体现了跨境电商直播可以打破地域和时间限制（   ）

   A. 实时互动   B. 展示产品特点

C. 打破地域和时间限制　　　　　D. 快速传播

9. 在跨境电商直播中，（　　）是由电商平台提供直播场地和服务，邀请主播和商家入驻。

A. 平台模式　　　　　　　　　　B. 商家模式

C. 独立主播模式　　　　　　　　D. 明星效应型模式

10. 下列选项不属于跨境电商直播面临的挑战的是（　　）。

A. 内容审核　　　　　　　　　　B. 竞争加剧

C. 物流延迟　　　　　　　　　　D. 语言障碍

11. 跨境电商直播中，（　　）直播侧重于向消费者传授相关产品的知识和使用技巧。

A. 专业评测型　　　　　　　　　B. 明星效应型

C. 知识讲解型　　　　　　　　　D. 商家模式

二、多项选择题

1. 在跨境电商中实施捆绑销售活动时，需要特别注意的有（　　）。

A. 捆绑销售的产品组合应满足消费者的实际需求，并具有合理的关联性

B. 捆绑销售的价格应低于单独购买这些产品的总价，以体现优惠性

C. 在推广捆绑销售时，可以忽略对税收法规的遵守，以吸引更多消费者

D. 为提高销售效果，应实时跟踪销售数据并进行分析

E. 捆绑销售时，必须包含尽可能多的商品，以提供更多的选择给消费者

2. SNS营销的特点有（　　）。

A. 用户资源广　　　　　　　　　B. 传播速度快

C. 用户体验强　　　　　　　　　D. 互动对话性强

3. TikTok的主要功能有（　　）。

A. 视频创作　　　　　　　　　　B. 翻译功能

C. 视频推荐　　　　　　　　　　D. 直播服务

4. 跨境电商直播发展的挑战主要有（　　）。

A. 语言挑战　　　　　　　　　　B. 内容创作挑战

C. 产品数量　　　　　　　　　　D. 产品类型

5. 跨境电商平台的直播带货模式有（　　）。

A. 商家自播　　　　　　　　　　B. 达人直播

C. 机构直播　　　　　　　　　　D. 平台型专业内容直播

6. 跨境电商直播相比站内和站外营销方式的特点包括（　　）。

A. 实时互动　　　　　　　　　　B. 展示产品特点

C. 打破地域和时间限制　　　　　D. 仅限于国内销售

7. 跨境电商直播根据使用平台的不同可以分为（　　）。

A. 平台模式　　　　　　　　B. 商家模式

C. 独立主播模式　　　　　　D. 明星效应型模式

8. 跨境电商直播的发展趋势包括（　　）。

A. 应用技术创新成果　　　　B. 注重内容优化和简洁

C. 推动行业整合集中　　　　D. 减少直播时长

9. 跨境电商直播面临的挑战有（　　）。

A. 内容审核　　　　　　　　B. 竞争加剧

C. 物流成本高　　　　　　　D. 语言障碍

10. 在跨境电商直播中，哪些类型的直播内容可能吸引不同类型的观众？（　　）

A. 专业评测型吸引对产品性能感兴趣的观众

B. 明星效应型吸引粉丝和追星族

C. 知识讲解型吸引希望学习产品知识的观众

D. 所有类型都吸引年轻观众

三、判断题

1. 限时折扣活动是一种通过设定时间限制来刺激消费者购买欲望的促销活动，这种活动适合在任何商品上实施，以迅速提高销售额。（　　）

2. 增加好友是 SNS 推广技巧方式之一。（　　）

3. SNS 阶段性推广分为店铺发布初期、店铺增长期和店铺稳定期三个阶段。

4. 跨境电商直播只能在国内进行，无法跨越国界进行营销活动。（　　）

5. 跨境电商直播可以实现实时互动，增加客户的参与感。（　　）

6. 跨境电商直播中，商家模式是指商家自己或通过合作的主播在电视台进行直播带货。（　　）

7. 跨境电商直播面临的挑战之一是内容审核，需要确保直播内容的合法性和健康性。（　　）

8. 跨境电商直播的发展趋势之一是减少内容创新，以适应快节奏的社会发展趋势。（　　）

四、案例分析

案例一

跨境店铺进行站内营销、站外营销时，如何结合店铺营销活动和平台活动以提升销售效果和品牌知名度？

案例二

在 TEMU 平台店铺中选择合适产品，在后台创建和设置团购、全店铺打折、限时限

量折扣、店铺优惠券、店铺满立减等营销活动。

案例三

在敦煌网后台，报名参加平台常规性活动，设置购物车营销、骆驼客、帮助推等推广。

知识巩固与拓展

一、知识巩固

1. 请以思维导图的形式，归纳整理本项目的知识体系。
2. 请选择 3~5 个核心关键词，表达本项目的主要知识点。

二、拓展

工作任务：将学生分组，每组 4~6 人，以小组成员的名义在 TEMU 平台完成"创建单品优惠券"。

项目评价标准

评价内容	配分	评分标准	得分
限时折扣活动	10	阐述其应用场景（2分）、优劣势（3分）、注意事项（5分）	
满额赠品活动	10	阐述其应用场景（2分）、优劣势（3分）、注意事项（5分）	
会员专享活动	10	阐述其应用场景（2分）、优劣势（3分）、注意事项（5分）	
捆绑销售活动	10	阐述其应用场景（2分）、优劣势（3分）、注意事项（5分）	
常见跨境电商平台营销推广操作	10	能熟练掌握常见跨境电商平台营销推广操作（按 0/2/5/7/10 分评分）	
SNS 营销的含义、特点和技巧	10	了解 SNS 营销的含义（2分）、掌握 SNS 营销的特点（3分）、掌握 SNS 营销的技巧（5分）	
海外 SNS 主要交流软件	10	熟知国外主要的 SNS 交流软件（10分）	
海外新兴社媒平台	10	熟知国外新兴直播平台（10分）	
跨境电商直播的特点及类型	10	熟知跨境电商直播的特点及类型（按 0/2/5/7/10 分评分）	
能够以宠物用品为主题进行国际营销策划	10	能够以宠物用品为主题进行跨境电商平台站内营销方案策划（按 0/2/5/7/10 分评分）、进行站外营销方案策划（按 0/2/5/7/10 分评分）	
合计		100	

项目五　跨境电商支付

1. 掌握跨境电商信用卡支付的使用范围和要求。
2. 掌握国际支付宝的使用范围和要求。
3. 掌握 Paypal 的使用范围和要求。

1. 能够说出三种常见的跨境电商支付方式。
2. 能够使用国际支付宝在跨境电商网站完成绑定支付。
3. 能够设置 Paypal 支付的安全防范措施。

1. 养成认真、仔细、耐心的学习习惯。
2. 在学习跨境支付的过程中，培养安全防范意识。
3. 善于将理论联系实际，能够具体问题具体分析，具有较强的专注力、执行力与行动力。

完成了产品的营销和推广之后，跨境电商专员小李又接到了新的工作任务。为了方便境外客户下单后及时付款，经理要求小李了解常见的跨境支付方式，为公司设置合适的支付方式。

任务 1　认识跨境电商支付

任务详情

小李根据经理的建议，去了解了常见的跨境电商支付方式。那么什么是跨境支付？常见的跨境电商支付方式有哪些？分别有什么特点呢？

任务分析

小李通过线上查找资料、向老员工请教等方式，了解了跨境支付的含义、常见的跨境电商支付方式及特点。

相关知识点

跨境支付是指两个或两个以上的国家或地区之间因国际贸易、国际投资及其他方面所发生的国际债券债务借助一定的结算工具和支付系统实现资金跨国或跨地区转移的行为。例如新加坡消费者在网上购买中国商家的产品时，由于币种不同，需要通过一定的结算工具和支付系统实现两个国家或地区之间的资金转换，最终完成交易。

常见的跨境支付业务主要有三种模式，分别是电汇、国际信用卡支付和第三方支付。

电汇（Telegraphic Transfer）是最早出现的，是比较传统的进出口贸易跨境支付方式，是付款人将一定款项交存汇款银行，汇款银行通过电报或电话传给目的地的分行或代理行（汇入行），指示汇入行向收款人支付一定金额的一种交款方式，适合大额的跨境交易。

国际信用卡是一种银行联合国际信用卡组织签发给资信良好的人士并可以在全球范围内进行透支消费的卡片，同时该卡也被用于在国际网络上确认用户的身份。信用卡连接个人信用资料，是非常安全的付款方式，适用于小额跨境零售，在跨境电商 B2C 平台、C2C 平台使用较为广泛。

第三方支付是指具备实力和信誉保障的第三方企业和国内外的各大银行签约，在银行的直接支付环节中增加一个中介，在通过第三方支付平台交易时，买方选购商品，将款项不直接打给卖方而是付给中介，中介通知卖家发货，买方收到商品后，通知付款，中介将款项转至卖家账户。目前，这种支付方式在跨境店铺应用比较广泛，它的办理手续方便，支持的平台也比较多。

110　跨境电商实务

一、电汇

电汇是在实际外贸业务领域使用最多的支付方式,主要适用于大额交易,低于1万美元高于1 000美元的订单也可以选择这种支付方式。银行主要靠电报费、手续费和中转费来赢利。

(一)电汇银行手续费

电汇的银行手续费一般分为三个部分,第一部分是付款人付款,银行产生手续费,可以由付款人单独支付,也可以在付款金额中扣取;第二部分为中转银行的手续费,一般在汇款金额中扣取;第三部分为收款人收款行的手续费,从汇款金额中扣取。

(二)电汇到账时间

电汇到账时间与银行的关系很大,不同的银行到款时间不同,一般从三个工作日到一周不等。

以西联汇款为例,西联汇款是国际汇款公司(Western Union)的简称,成立于1851年,是世界上领先的特快汇款公司,它拥有全球最大最先进的电子汇兑金融网络,代理网点遍布全球近200个国家和地区。

但汇款手续费按笔收取,对于小额汇款来说手续费高;而且金额受限,一般要求全额在1万美元以下。

二、国际信用卡支付

国际信用卡主要应用在线上的跨境店铺和线下POS机刷卡,这种支付方式主要靠手续费赢利。目前国际上五大信用卡品牌有VISA、MasterCard、American Express Card、JCB、Diners Club,前两种使用较为广泛。很多店铺上贴了Visa或者Master的标志,这代表该店铺可以接受对应的国际信用卡付款。

(一)方便性

消费者使用信用卡在线支付省去了线下办理的烦琐步骤,比如西联汇款首先要到相应的机构去办理相关业务,才能够付款成功。

(二)实时性

信用卡支付是在线操作完成的,买卖双方都可以在最短的时间内知道支付成功与否,没有时间差,账款立即到账。

(三)市场性

全球信用卡持卡人多,市场容量大。据统计,全球有近60亿人拥有信用卡。

（四）安全性

信用卡在线支付是由第三方支付公司提供支付服务，而第三方支付公司都与银行、信用卡组织进行合作，所以除了第三方自身的风险控制系统外，更有强大的银行风险控制系统和信用卡组织的信用卡数据库作为保障，最大限度地保证交易的安全性。

各国银行和信用卡组织对第三方支付公司提出了安全支付认证的要求，只有经过安全认证的第三方支付公司才有资格提供信用卡在线支付业务。

（五）流通性

目前，信用卡已成为国际支付主流，消费者已经习惯使用信用卡来进行支付。据调研，在网络消费和信用卡消费发达的地区，几乎是人人持有信用卡。

三、第三方支付

自2012年第三方海外服务商开始大规模进入跨境电商领域以来，我国的大多数跨境电商卖家使用的是第三方海外收款方式。第三方海外收款账户办理手续方便，在线支付快捷，还能够消除卖家付款后收不到货的隐忧。目前，在第三方支付中，国际支付宝和Paypal使用较为广泛。

但是这种支付方式的弊端在于对一些新兴市场而言，很多币种没有覆盖，使用率较低。

任务总结

本任务介绍了电汇、信用卡、第三方支付等的定义及特点。通过学习，同学们应当能基本掌握常见的跨境支付方式等知识。请根据掌握的知识，完成表5-1。

表5-1 知识技能总结

类别	内容	学生总结	教师点评
知识点	电汇的含义及特点		
	国际信用卡的含义及特点		
	第三方支付的含义及特点		
技能点	选择跨境电商支付方式		

任务 2　设置跨境电商支付

了解了常见的跨境电商支付方式后，经理建议小李为跨境店铺设置好跨境电商收款

账户。

任务分析

小李通过线上查找资料，了解了常见的第三方跨境支付方式及操作过程，并在平台进行了店铺绑卡设置。

相关知识点

在第三方支付模式中，买方和卖方都需要首先申请第三方账号，得到账号后，买方选购商品，使用第三方平台提供的账户进行货款支付（支付给第三方），并由第三方通知卖家货款到账、要求发货；买方收到货物，检验货物，并且进行确认后，通知第三方付款；第三方再将款项转至卖家账户。

一、国际支付宝

国际支付宝，是阿里巴巴专门针对国际贸易推出的一种第三方支付担保交易服务，英文全称 Alibaba.com's Escrow Service。国际支付宝是支付宝为从事跨境贸易的国内卖家建立的资金账户管理平台，包括对交易的收款、退款、提现等主要功能。

国际支付宝使用客户群体主要是速卖通、阿里巴巴国际站会员。目前国际支付宝服务已经覆盖了226个国家和地区，发展进程还在不断加快。

二、Paypal

Paypal 是全球领先的第三方在线支付平台，原先是美国 eBay 公司旗下的全资子公司，成立于1998年12月，总部在美国加利福尼亚州圣荷西市。Paypal 以现有的银行系统和信用卡系统为基础，通过信息技术和网络安全技术，帮助个人和企业用户通过电子邮件来标识身份，实现安全便捷的在线支付款和收款。

Paypal 在欧美地区普及率极高，是全球支付的代名词。目前，全球活跃用户接近2亿，支持194个国家和地区，通用货币涵盖加元、欧元、英镑、美元、日元、澳元等24种。

任务实施

小李按照操作指示，在店铺入驻 TEMU 平台之后，开通了付费通账户并进行了银行卡绑卡操作。

首先前往"卖家中心—结算管理—银行卡管理"，如图5-1所示，选择账户类型，如图5-2所示。账户开通时可选择开通的账户类型为"企业账户"或"个人账户"，如开通"企业账户"则需要绑定公司同名银行账户，即企业对公卡；如开通"个人账户"则需要绑定公司法定代表人的银行卡，即法人卡。

项目五　跨境电商支付　113

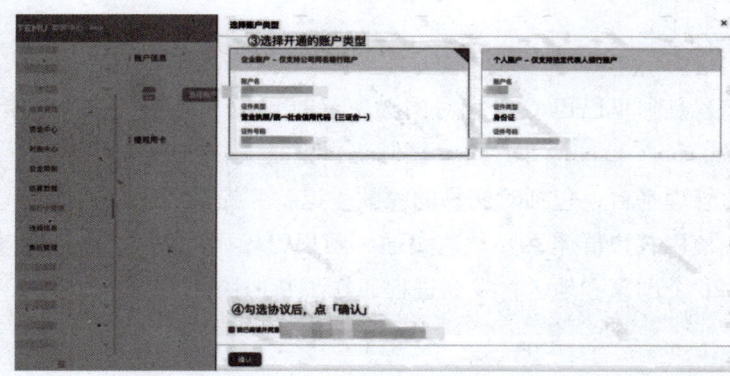

图 5-1　银行卡管理界面

图 5-2　选择账户类型

单击"确认"按钮时，系统需要二次确认开通的付费通账户类型，弹窗提示如图 5-3 所示，根据需要绑卡的类型确认开通的账户类型。

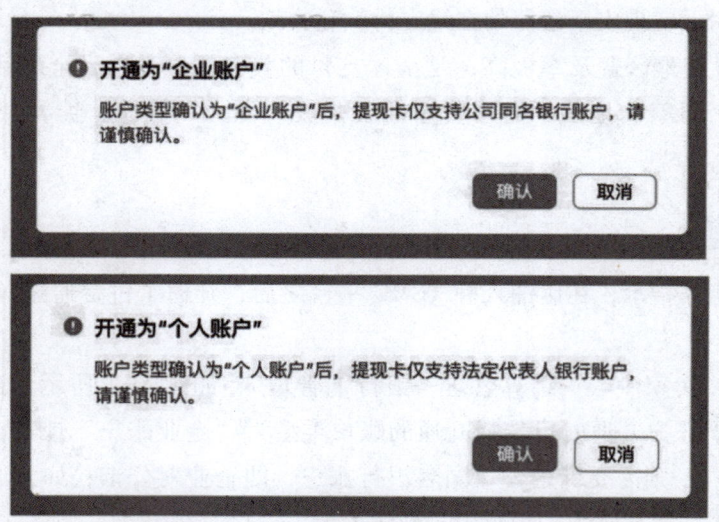

图 5-3　二次确认提示页面

小李顺利开通了付费通账户，接下来需要绑定提现银行卡。根据开通的付费通账户类型不同，绑定银行卡的操作页面存在差异：付费通账户信息显示为"企业账户"，仅支持绑定银行账户名与入驻公司名称一致的提现卡，如图5-4所示；付费通账户信息显示为"个人账户"，仅支持绑定银行账户名为企业法定代表人的提现卡，如图5-5所示。

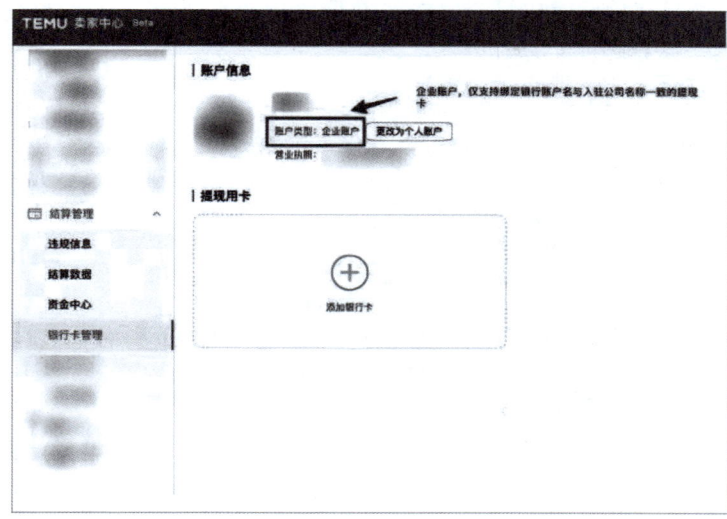

图5-4　企业账户绑定银行卡页面

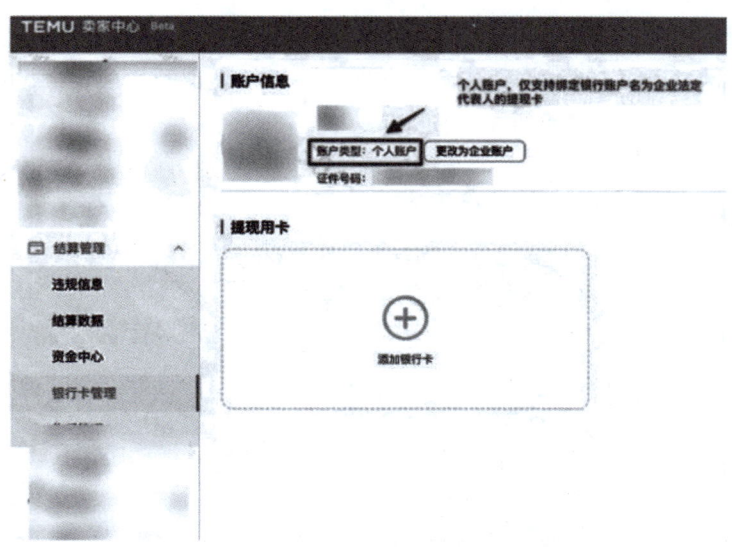

图5-5　个人账户绑定银行卡页面

以企业账户类型绑卡为例，小李进行了以下操作：填写银行卡信息，账号验证，验证完成后绑定成功。

第一步：填写银行卡信息，如图5-6所示。

企业银行账户：填写企业对公卡的卡号。

开户银行：选择绑定卡的开户银行，可以输入关键词搜索，比如输入"建"，可以

项目五　跨境电商支付　115

搜索关键词含"建"的银行。如果未搜索到需绑卡的银行名称，可以输入并选中"其他银行"，继续填写开户支行省份、城市、支行信息。

银行预留手机号：填写绑定卡的银行预留手机号，需保证此手机号可以正常接收短信验证码，在后续进行货款提现时，为了资金安全，会对此手机号发送短信验证确认。

短信验证：填写完预留手机号，单击"获取验证码"按钮，填写收到的验证码，然后单击"下一步，账号验证"按钮。

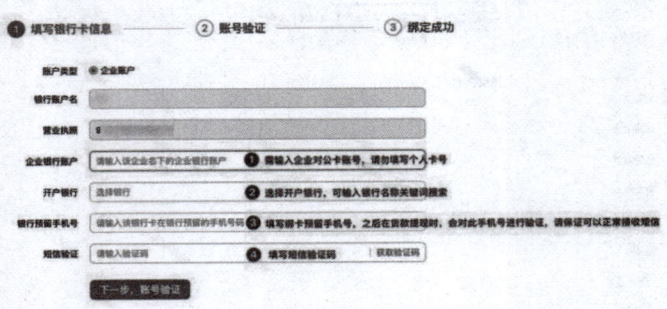

图 5-6 填写银行卡信息页面

第二步：账号验证。

为了保证绑定的提现卡后续可以正常提现货款，需要对所填写的卡片信息进行验证。单击"发起验证申请"按钮后，所填写的银行账户将会收到一笔小金额的款项，这时要登录网银、手机银行检查是否收到了该笔款项，并且将收到的款项金额填入系统页面中，单击"验证并绑定"按钮，如图 5-7 所示。

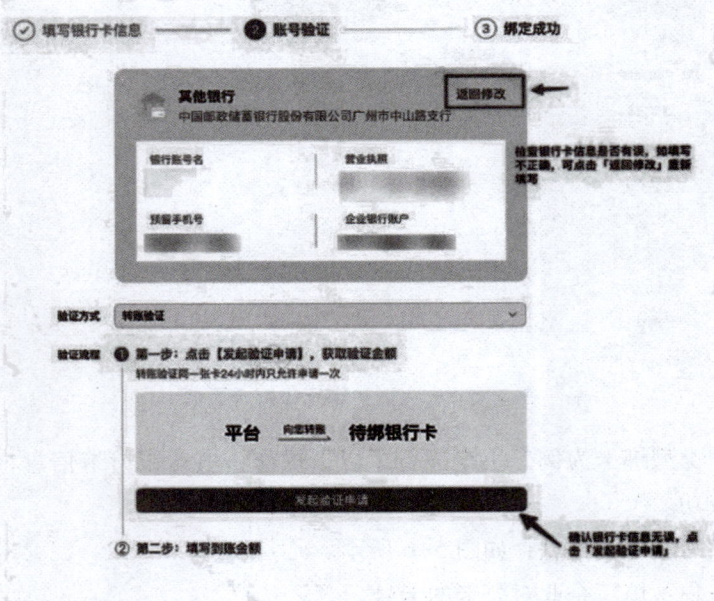

图 5-7 账号验证页面

以上是企业账户类型绑卡的操作过程。个人账户类型绑卡操作步骤与企业账号类型绑卡步骤一致,需要注意的是,个人付费通账户绑卡仅支持证件类型为大陆身份证的个人绑卡,如大陆企业主体的法定代表人身份证件类型不是大陆身份证,则不支持绑定个人卡。

任务总结

本任务介绍了国际支付宝、Paypal 等第三方支付的特点以及 TEMU 平台的绑卡操作步骤。通过学习,同学们应当能基本掌握常见的第三方支付方式、跨境店铺设置银行卡收款等知识,请根据掌握的知识,完成表 5-2。

表 5-2 知识技能总结

类别	内容	学生总结	教师点评
知识点	国际支付宝的特点		
	Paypal 的特点		
技能点	在 TEMU 平台开通付费通账户并进行银行卡绑卡		

【素养小课堂】

在"品牌出海·生生不息 WAVE 2024 品牌全球化大会"上,PingPong 凭借在跨境支付领域的卓越成就,以及在服务中国品牌加速全球化过程中的突出贡献,荣获"优秀品牌出海服务商"称号。

在全球化浪潮中,中国品牌加速走向世界。服务商作为品牌全球化的中坚力量,也在积极顺应趋势,不断学习与迭代。PingPong 作为一家全球支付平台,已经获得了全球 60 多个支付牌照及许可,并且打通了境内外金融体系,达成与全球系统重要性银行、国际卡组等金融机构的合作,构建了一个覆盖 200 多个国家和地区的全球支付服务网络,面向不同类型的企业推出了涵盖跨境收、付、汇、管等全链路的产品解决方案,可为品牌的全球化发展提供安全合规的全域产品体系和一站式的生态服务网络。

一方面,在强大的全球支付网络基础上,PingPong 针对跨境电商、海外文旅、在线教育、留学缴费、游戏数娱、便捷出行等行业特点,推出了一站式全球收单解决方案——不仅能支持 266 种支付方式、50 多个交易币种,支付成功率高达 95%,还可借助全球智能路由和全链路的服务能力等为客户提供动态、灵活的产品解决方案,以大幅提升支付效率,为企业降本增益。目前该方案已经服务了包括小米、游族网络等在内的诸多大型品牌,陪伴和支持了它们在海外的发展与成长。

另一方面,针对越来越多的中国消费品牌出海过程中存在的海外 C 端消费者和 B 端门店收单、收款币种多、支付方式繁杂、汇率波动大、海外跨区域资金对账人工投入大、资金运转效率低、海外员工工资分发手续烦琐等全球资金管理挑战难题,PingPong 还联

合银行推出了一整套一站式行业收单资金归集解决方案，包括门店收单、集团资金归集、银行转账、VCC 等一系列融合拳头产品，共同赋能中国消费品牌出海企业进行全球资金管理，为企业集团降本增效。

（1）支持 7×24 小时快速开通全球账户。

（2）收款和付款到账时效缩短 0~1 天。

（3）提供透明汇率，极大地节省财务对账时间，提高资金使用效率。

PingPong 以全球化视野为引领，全力助推中国品牌向"全球化"迈进，构筑中国品牌的全球影响力。

（文章来源：PingPong 官网，https://news.pingpongx.com/articles/24073010302417）

能力检测

一、单项选择题

1. 在跨境电商 B2C 平台、C2C 平台使用较为广泛的小额跨境支付方式是（　　）。

A. 电汇　　　　　　　　　　　B. 国际信用卡支付

C. 第三方支付　　　　　　　　D. 托收

2. 在跨境电商支付中，适用于较大金额的跨境支付方式为（　　）。

A. 电汇　　　　　　　　　　　B. 国际信用卡支付

C. 第三方支付　　　　　　　　D. 托收

3. Paypal 支付方式起源于（　　）。

A. 美国　　　　　　　　　　　B. 英国

C. 中国　　　　　　　　　　　D. 日本

二、多项选择题

1. 常见的跨境支付业务模式有（　　）。

A. 电汇　　　　　　　　　　　B. 国际信用卡支付

C. 第三方支付　　　　　　　　D. 托收

2. 国际上常用的信用卡品牌有（　　）。

A. VISA　　　　　　　　　　　B. MasterCard

C. America Express Card　　　D. JCB 和 Diners Club

3. 国际支付宝的功能有（　　）。

A. 收款　　　　　　　　　　　B. 退款

C. 提现　　　　　　　　　　　D. 借款

三、判断题

1. 在跨境电商支付中，国际支付宝是一种直接支付方式。（   ）
2. 在跨境电商支付中，不需要考虑币种的问题。（   ）

知识巩固与拓展

一、知识巩固

1. 请以思维导图的形式，归纳整理本项目的知识体系。
2. 请选择 3~5 个核心关键词，表达本项目的主要知识点。

二、拓展

工作任务：将学生分组，每组 4~6 人，以小组成员的名义在 TEMU 平台完成跨境支付操作。

项目评价标准

评价内容	配分	评分标准	得分
电汇	10	阐述电汇的含义（3 分）及优缺点（7 分）	
信用卡支付	10	阐述国际信用卡的含义（按 0/2/5 分评分）及特点（按 0/2/5 分评分）	
第三方支付	10	阐述第三方支付的含义（按 0/2/5/7/10 分评分）	
国际支付宝	10	阐述国际支付宝的含义（5 分）、使用范围和要求（5 分）	
	10	能够开通国际支付宝（按 0/2/5/7/10 分评分）	
PayPal	10	掌握 PayPal 的含义（5 分）及使用范围（5 分）	
支付方式选择	10	能根据店铺特点，选择恰当的支付方式（按 0/2/5/7/10 分评分）	
	30	能开通国际支付账户（按 0/2/5/7/10 分评分）、能设置店铺支付方式（按 0/4/10/14/20 分评分）	
合计		100	

项目六　跨境物流操作

学习目标

知识目标

1. 熟悉邮政小包、大包、E邮宝、国际商业快递、专线物流等的含义、特点、包装尺寸、价格、优劣势、操作流程等，了解海外仓及其相关操作。
2. 熟悉跨境物流运费相关概念。
3. 掌握跨境运费的构成和邮政包裹、商业快递等的跨境物流费用测算原理。
4. 掌握跨境物流模板设置的操作。

技能目标

1. 能根据既定的跨境物流资费标准，计算邮政物流、商业快递等常见跨境物流运费。
2. 能根据既定的业务背景与跨境物流条件，设置跨境物流模板。

素养目标

1. 养成学习和工作时认真、仔细、耐心的习惯及一丝不苟、吃苦耐劳的职业素养。
2. 在核算运费的过程中，培养成本意识。
3. 善于将理论联系实际，能够具体问题具体分析，具有较强的专注力、执行力与行动力。

工作项目

业务背景

跨境电商专员小李因为最近表现优异得到了经理的表扬，经过前期产品的发布，产品的访客数等关键指标显著提升，小李又接到了新的工作任务。经理要求小李根据产品定位为公司甄选合适的物流。

任务1 认识跨境物流

任务详情

小李根据经理的建议，去了解了常见的跨境物流渠道。目前常见的跨境电商物流模式主要包括邮政物流、国际商业快递、国内快递的跨国物流、专线物流和海外仓等五种模式。那么这些物流模式分别有什么特点？适合什么类型的产品呢？

任务分析

小李通过线上查找资料、向老员工请教等方式，了解了常见的跨境电商物流模式及特点。

相关知识点

国际物流（International Logistics）是指物品从一个国家（地区）的供应地向另一个国家（地区）的接收地的实体流动过程。

国际物流分为广义的国际物流和狭义的国际物流。其中，广义的国际物流范围较大，包括国际贸易物流、国际非贸易物流、国际物流投资、国际物流合作、国际物流交流等领域。

狭义的国际物流是指当生产消费分别在两个或在两个以上的国家（地区）独立进行时，为了克服生产和消费之间的空间间隔和时间距离，对货物（商品）进行物流性移动的一项国际商品或交流活动，从而完成国际商品交易的最终目的，即实现卖方交付单证、货物和收取货物，而买方接受单证、支付货款和收取货物的贸易对流条件。通常所说的国际物流指的是狭义的国际物流。

任务实施

一、邮政物流

（一）中国邮政物流

中国邮政物流根据运营主体不同分为两大业务种类，一是中国邮政邮局的中国邮政小包和大包；二是中国邮政速递物流分公司的 EMS 和 E 邮宝、E 特快、E 速宝等业务方式，两者的运营主体不同，包裹的邮寄地点也不同。

1. 中国邮政小包

中国邮政小包，英文名称为 China Post Air Mail，又称中国邮政航空小包、邮政小包、

知识拓展：邮政物流体系

航空小包,是指包裹重量在 2 千克以内,外包装长、宽、高之和小于 90 厘米,且最长边小于 60 厘米,通过中国邮政空邮服务寄往国外的小邮包。

中国邮政小包可以分为中国邮政平邮小包(China Post Ordinary Small Packet)和中国邮政挂号小包(China Post Registered Small Packet)两种。

(1)规格限制。

重量限制:每个包裹重量不超过 2 千克。

体积限制:非圆筒货物,长+宽+高≤90 厘米,单边长度≤60 厘米,长度≥14 厘米,宽度≥9 厘米。

圆筒形货物:直径的两倍+长度≤104 厘米,单边长度≤90 厘米,直径的两倍+长度≥17 厘米,长度≥10 厘米。

(2)资费与查询。

中国邮政挂号小包资费低,首重按照 100 克起算(货运代理按照实际重量算,全球速卖通平台在线发货无首重,按照实际重量计算),挂号服务费率稍高。中国邮政平邮小包不受理查询,大部分国家可全程跟踪,部分国家只能查询到签收信息,部分国家不提供信息跟踪服务,具体可参考 http://17track.net 网站的统计信息。

(3)优缺点。

优点:由于中国邮政小包价格较低,并且中国邮政网络基本覆盖全球,比其他任何物流渠道都要广,因此中国邮政小包显现出明显的优势。

缺点:限制重量 2 千克,运送时间总体较长,如目的地为俄罗斯、巴西等国家,超过 40 天才会显示买家签收。还有许多国家是不支持全程跟踪的,而且邮政官方的 183 网站也只能跟踪国内部分,国外部分不能实现全程跟踪,因此卖家需要借助其他公司的网站或登录到寄达国的查询网站进行跟踪,不便于卖家查询物流信息。

(4)适用范围。

适合寄递重量较轻、量大、价格要求实惠而且对于时限和查询便捷度要求不高的物品。

2. 中国邮政大包

中国邮政大包,英文名称为 China Post Air Parcel,又称航空大包或中邮大包,是区别于中国邮政小包的服务。通过邮政空邮服务寄往国外的大邮包,又可称为国际大包。

(1)规格限制。

重量限制:2 千克≤重量≤30 千克(除中国香港以外寄往其他国家和地区的速递邮件,单件重量不能超过 30 千克,每票快件不能超过 1 件)。

体积限制:中国邮政大包有两种体积限制,一种是:单边长度≤1.5 米,长度+长度以外的最大横周≤3 米;另一种是:单边长度≤1.05 米,长度+长度以外的最大横周≤2 米。

需要注意的是,不同邮政渠道的大包在尺寸重量上会有所不同。注意把最长边的尺寸控制在 1 米以内,重量控制在 18 千克以内,如果超过,就可以考虑商业快递 21 千克以上的大货价服务。

（2）资费与查询。

中邮大包相关资费及体积和重量的限制根据运输物品的重量及目的地国家而有所不同，具体可参照中国邮政网上营业厅（网址：http://11185.cn）。普通大包空邮费率较低，邮政不提供跟踪查询服务，挂号大包空邮费率稍高，可提供网上跟踪查询服务。

（3）优缺点。

优点：以首重1千克、续重1千克的计费方式结算，价格比EMS低，且和EMS一样不计算体积重量，没有偏远附加费，与商业快递相比有绝对的价格优势。可寄达全球200多个国家和地区，通达国家多且清关能力非常强。运单简单，操作方便。

缺点：部分国家限重10千克，最重为30千克。妥投速度慢、查询信息更新慢。

（4）适用范围。

对时效性要求不高而重量稍重的货物，可选择使用此方式寄递。

3. 国际E邮宝

国际E邮宝（e Packet）又称e邮宝或EUB，是中国邮政速递物流为适应跨境电商物品寄递需要，利用邮政渠道清关，与主要电商平台合作推出的经济型国际速递产品。

（1）规格限制。

重量限制：国际E邮宝单件最高限重2千克。

体积限制：

单件最大尺寸：非圆卷邮件长+宽+高≤90厘米，单边长度≤60厘米；圆卷邮件直径的两倍+长度≤104厘米，单边长≤90厘米。

单件最小尺寸：非圆卷邮件长度≥14厘米，宽度≥11厘米；圆卷邮件直径的两倍+长度≥17厘米，长度≥11厘米。

（2）资费与查询。

运费根据包裹重量按克计费，美国、俄罗斯和乌克兰起重50克，其他路向起重1克，每个单件包裹限重在2千克以内。跨境电商卖家可以登录E邮宝中文官网进行查询，点击"运费查询"后输入想要寄送的国家名和包裹重量，获得相关E邮宝价格说明。

E邮宝提供收寄、出口封发、进口接收实时跟踪查询信息，不提供签收信息，只提供投递确认信息。客户可以通过EMS网站或拨打客服专线、寄达国邮政网站查看邮件跟踪信息。

（3）优缺点。

优点：价格介于邮政小包与EMS之间，资费低。起运量小，50克起收货物，不足50克按50克计算。

缺点：不提供丢失赔偿；时效不稳定，有的包裹可能一个月左右才到。

（4）投递范围。

美国：本土及本土以外所有属地及其海外军邮地址。

英国：本土及海峡群岛、马恩岛。

法国：仅本土区域，法国海外属地无法投递。

其他国家和地区：仅本土。

4. 国际（地区）特快专递（国际 EMS）

国际（地区）特快专递（简称"国际 EMS"）是指国际及中国港澳台特快专递，是中国邮政速递物流股份有限公司与各国（地区）邮政合作开办的中国大陆与其他国家、港澳台地区间寄递特快专递（EMS）邮件的快速类直发寄递服务，可为用户快速传递各类文件资料和物品，同时提供多种形式的邮件跟踪查询服务。

（1）规格限制。

国际 EMS 寄送单个包裹"长、宽、高"任一边不得超过 1.5 米，最短面周长+最长单边不超过 3 米。单个包裹的计费重量不得超过 30 千克。

（2）资费与查询。

国际 EMS 送达国家和地区分为九个大区，直达 99 个国家和地区，按起重 500 克续重 500 克计费，无燃油附加费，每票货件另有 4 元境内报关费。

国际 EMS 具备领先的信息处理能力，凭借与万国邮政联盟（UPU）查询系统链接，可实现国际 EMS 邮件的全球跟踪查询。通过邮件跟踪与查询服务，可以实时了解交寄邮件的全程信息，对签约客户可以提供邮件实时信息的主动反馈服务。建立了多通道信息接入：公司网站平台（www.1183com.cn）、全国统一的 7 天×24 小时的呼叫平台（111183）和遍布城乡的邮政营业网点。

（3）优缺点。

优点：依托中国邮政航空公司陆路运输网络和以上海为集散中心的全夜航航空集散网，现有专用速递揽收、投递车辆 20 000 余部，满足了国际快递高效派送的需求。具有高效发达的邮件处理中心，全国共有 200 多个处理中心，各处理中心配备了先进的自动分拣设备。亚洲地区规模最大、技术装备先进的中国邮政航空速递物流集散中心在 2008 年投入使用，有力保证了国际 EMS 的"便捷、及时、安全、准确"，具有快速清关的优点。国际 EMS 网络强大、价格合理、实重发货不收材积，不用提供商业发票即可清关，而且具有优先通关的权利。敏感的货物一般都可以通关，通关不过的货物可以免费运回国内。

缺点：对包裹单边长度<60 厘米的邮件，不算体积重，计费重=实际重量；对于包裹单边长度≥60 厘米的邮件，进行计泡操作，体积重（千克）= 长（厘米）×宽（厘米）×高（厘米）/6 000。

（4）适用范围。

可以寄递文件和物品。物品类邮件中准许寄递全部适合于邮递的货样、商品、馈赠的礼品及其他物品。

（二）其他国家或地区邮政小包

跨境电商卖家除了选择中国邮政小包之外，还可以根据产品的特点（是否能带电池等）选择其他国家和地区的邮政小包，如新加坡邮政小包、中国香港邮政小包、瑞士邮政小包等。

二、国际商业快递

（一）DHL

DHL 又称敦豪航空货运公司，1969 年创立于美国旧金山，现隶属于德国邮政全球网络。在中国，DHL 与中国对外贸易运输（集团）总公司合资成立了中外运敦豪，是进入中国市场时间最早、经验最为丰富的国际快递公司。DHL 拥有世界上最完善的速递网络之一，可以到达 220 个国家和地区的 12 万个目的地，在中国的市场占有率达到 36%。

知识拓展：商业快递

DHL 的相关运费及附加运费、规格限制、实时跟踪等可查询中外运敦豪官网（网址：http://www.cn.dhl.com），或拨打客服电话 95380 获取。

1. 服务区域

派送网络遍布世界各地，查询网站货物状态更新及时准确，提供包装检验与设计服务、报关代理服务，在美国、西欧具有较强的清关能力，世界绝大多数快递货物都通过 DHL 运转。DHL 线上发货主要优势航线为欧洲和美洲航线，比如美国、加拿大、墨西哥等国家以及欧洲等地区。

2. 时效

在时效正常的情况下，2~4 个工作日货通全球。特别是到欧洲和东南亚速度较快，到欧洲需要 3 个工作日，到东南亚地区仅需 2 个工作日。

至全球其他国家（地区）最快 3 天即可完成递送，基本上目的地国家在无异常的情况下 5 天左右可完成递送。

3. 尺寸限制

（1）如单边长度超过 120 厘米或者单件重量超过 70 克，需加收 200 元/票的附加费，且附加费须计收燃油附加费。

（2）计费重量：实重和体积重量取较大值，体积重量=长（厘米）×宽（厘米）×高（厘米）/5 000。

（3）申报金额超过 5 000 元需正式报关。

重量限制：没有明确的体积和重量限制。

（二）UPS

UPS 又称联合包裹服务公司，起源于 1907 年在美国西雅图成立的一家信差公司，目

项目六 跨境物流操作

前是世界上最大的快递承运商与包裹递送公司，也是专业的运输、物流、资本与电子商务服务的领先提供者。

从世界范围来看，UPS 其实是快递行业领导者，历史悠久。在中国，UPS 的影响力要次于 FedEx。

UPS 的相关运费及附加运费、规格限制、实时跟踪等可查询 UPS 网站（网址：http://www.ups.com/content/cn/zh/index.jsx），或拨打客服电话 4008208388 获取。

1. 服务区域

覆盖 200 多个国家和地区，并在这 200 多个国家和地区中设立了 UPS 商店 4 400 个，UPS 营业店 1 300 个（全球），UPS 服务中心 1 000 个，授权服务点 17 000 个，UPS 投递箱 40 000 个，能快速派送到北美洲和欧洲的每一个地址。

2. 服务

提供全球货到付款服务、免费及时准确的上网查询服务、加急限时派送服务，具有超强的清关能力。UPS 的强势地区为美洲地区，性价比最高、定时定点跟踪、查询记录详细、通关便捷。

3. 时效

正常情况下，2~4 个工作日通至全球，特别是美国，48 小时即可到达，全世界 200 多个国家和地区都有网络，查询网站信息更新极快，解决问题及时快捷。

4. 寄送限制

单件包裹实际重量≥70 千克（巴西不得超过 10 千克）、单边长度≥270 厘米、围长（围长＝长+2×宽+2×高）≥419 厘米无法安排寄送。

UPS 没有提供进防水袋免抛的服务，所有包裹均需要计算体积重量。

（三）FedEx

FedEx 即联邦快递公司，是一家国际性速递集团，提供隔夜快递、地面快递、重型货物运送、文件复印及物流服务，总部设于美国田纳西州，其年营业额高达 390 亿美元。FedEx 于 1984 年进入中国，与天津大田集团成立合资企业大田—联邦快递有限公司，现在每周有 30 多个班机进出中国，是拥有直飞中国航班数目最多的国际快递公司。

FedEx 的相关运费及附加运费、规格限制、实时跟踪等可查询网站（网址：http://www.fedex.com/cn/），或拨打客服电话 4008891888 获取。

1. 服务区域

通达全球 230 多个国家和地区；派送网络遍布世界各地，尤其美洲和欧洲在价格和时效方面有优势。

2. 时效

正常情况下 2~4 个工作日即可通达全球。优点是：强力推荐到中南美及欧洲区域，而其他公司则是报在最贵的一区，公布价格相差30%～40%。网站信息更新快，网络覆盖全，查询响应快。

3. 服务

国际快递预付款服务、免费及时准确的上网查询服务、代理报关服务、上门取件服务。清关能力极强、极快的响应速度让用户获得高效率体验。

4. 尺寸限制

（1）单个包裹单边长度≥270厘米，或围长（长+2×宽+2×高）≥330厘米无法安排寄送。

（2）计费重量：实重和体积重量取较大值，体积重量=长（厘米）×宽（厘米）×高（厘米）/5 000。

（3）重量限制：单个包裹实际重量≥68千克无法安排寄送。

（四）TNT

TNT国际快递集团是全球领先的快递邮政服务供应商，为企业和个人客户提供全方位的快递和邮政服务，公司总部设在荷兰的阿姆斯特丹。TNT拥有欧洲最大的空陆联运快递网络，能实现门到门的递送服务，并且正通过在全球范围内扩大运营规模来最大幅度地优化网络效能。TNT于1988年进入中国市场，拥有26家国际快递分公司及3个国际快递口岸；拥有国内最大的私营陆运递送网络，服务覆盖中国500多个城市。

TNT的相关运费及附加运费、规格限制、实时跟踪等可查询网站（网址：http://www.tnt.com/country/zh_cn.html），或拨打客服电话4008209868获取。

1. 服务区域

TNT在全球拥有161 500名员工，分布在200多个国家和地区，还专门设有涵盖中国内地、香港和台湾地区，拥有17 000名专业员工的网络。覆盖范围广，查询网站信息更新快，遇到问题响应及时。

2. 服务

提供全球货到付款服务，通关能力强，提供报关代理服务，无偏远派送附加费，可及时准确地追踪查询货物。TNT线上发货主要优势航线为欧洲航线。

3. 时效

24个工作日即可通达全球，特别是到西欧，仅需3个工作日。

4. 寄送限制

体积限制：

（1）货物的单件实重≤30千克的，尺寸≤120厘米×70厘米×60厘米，超过的要收120元/票超长费用。

（2）货物的单件实重>30千克，尺寸≤120厘米×120厘米×150厘米，超过的要收

120元/票超长费用。

(3) 货物的单件实重大于30千克，尺寸≤240厘米×120厘米×180厘米，超过的要收120元/票超长费用。

(4) 实重超过100千克和申报超过5 000元人民币的要正式报关。

(5) 计费重量：实重和体积重量取较大值，体积重量＝长（厘米）×宽（厘米）×高（厘米）／5 000。

重量限制：

(1) 推荐20千克以内，到欧洲的价格比较低。

(2) TNT所有包裹均需要计算体积重量，体积重量＝长（厘米）×宽（厘米）×高（厘米）／5 000。

三、专线物流

（一）航空专线—燕文

航空专线—燕文（Special Line-YW）的物流商北京燕文物流有限公司是境内最大的物流服务商之一。航空专线—燕文现已开通拉美专线、俄罗斯专线和印度尼西亚专线。

1. 特点

(1) 时效快。拉美专线通过调整航班资源一程直飞欧洲，再发挥欧洲到拉美航班货量少的特点，可实现快速中转，避免旺季爆仓，大大缩短了妥投时间。俄罗斯专线与俄罗斯合作伙伴实现系统内部互联，一单到底，全程无缝可视化跟踪。俄罗斯境内快速预分拣，快速通关，快速分拨派送，正常情况下俄罗斯全境派送时间不超过25天，人口50万人以上城市派送时间低于17天。印度尼西亚专线使用服务稳定、可靠的中国香港邮政挂号小包服务，由于中国香港到印度尼西亚航班多，载量大，同时中国香港邮政和印度尼西亚邮政有良好的互动关系，因此，中国香港邮政小包到达印度尼西亚的平均时效优于其他小包。

(2) 交寄便利。深圳、广州、金华、义乌、杭州、宁波、上海、苏州、无锡、北京、温州（2016年4月起用）提供免费上门揽收服务，揽收区域之外的地区需自行发货到指定集货仓。

(3) 赔付保障。邮件丢失或损毁时提供赔偿，商家可在线发起投诉，投诉成立后最快5个工作日完成赔付。

2. 运送范围与运费

支持发往拉美地区20个国家及俄罗斯、印度尼西亚。

运费根据包裹重量按克计费，1克起重，每个单件包裹限重在2千克以内。

3. 运达时效

预计时效正常情况下16~35天到达目的地。特殊情况下35~60天到达目的地，特殊情况包括节假日、特殊天气、政策调整、偏远地区等。物流商承诺货物60天（巴西90天）内必达（不可抗力及海关验关除外），时效承诺以物流商揽收成功或签收成功开始计算。因物流商原因在承诺时间内未妥投而引起的限时达纠纷赔款，由物流商承担。物流商已与速卖通、亚马逊平台对接，速卖通、亚马逊会在订单详情页面直接展示物流跟踪信息，可在燕文官网（网址：yw56.com.cn/webfile/yw-high/）查询相关物流信息。

（二）中俄航空 Ruston 专线

中俄航空 Ruston（Russian Air）专线是由黑龙江俄速通国际物流有限公司提供的中俄航空小包专线服务。

1. 特点

（1）时效快。包机直达俄罗斯，80%以上的包裹可在25天内到达买家目的地邮局。

（2）价格优惠。收费标准为0.08元/克+挂号费7.4元/件。

（3）交寄便利。北京、深圳、广州（含番禺）、东莞、佛山、杭州、金华、义乌、宁波、温州（含乐清）、上海、昆山、南京、苏州、无锡、郑州、泉州、武汉、成都、葫芦岛兴城、保定白沟1件起免费上门揽收。揽收区域或非揽收区域都可自行发货到指定集货仓。

（4）赔付保障。邮件丢失或损毁时提供赔偿，商家可在线发起投诉，投诉成立后最快5个工作日完成赔付。

2. 运送范围与运费

支持发往俄罗斯全境邮局可到达区域。

运费根据包裹重量按克计费，1克起重，每个单件包裹限重在2千克以内。

3. 运达时效

正常情况下可在16~35天到达目的地。特殊情况下可在35~60天到达目的地，特殊情况包括节假日、特殊天气、政策调整、偏远地区等。

4. 物流跟踪

物流商已与速卖通平台对接，速卖通会在订单详情页面直接展示跟踪信息。也可以在中国邮政官网和服务商网站 Ruston 官网查询相关物流信息。买家可在俄罗斯邮政官网查询相关物流信息。Ruston 官网可切换为俄语版本，也可提供该网站给买家查询。

（三）中欧国际班列

中欧班列（CHINA RAILWAY Express，缩写："CR Express"）也是一种专线运输，由中国铁路总公司组织，按照固定车次、线路、班期和全程运行时刻开行，运行于中国与欧洲以及"一带一路"共建国家间的集装箱等铁路国际联运列车，是深化国家与沿线国家经贸合作的重要载体和推进"一带一路"建设的重要抓手。

中欧班列已形成了西、中、东三大铁路运输通道。西通道，主要吸引西南、西北、华中、华北、华东等地区进出口货源，在新疆阿拉山口、霍尔果斯铁路口岸与哈萨克斯

坦铁路相连，途经俄罗斯、白俄罗斯、波兰等国铁路，通达欧洲其他各国。中通道，主要吸引华中、华北等地区进出口货源，在内蒙古二连浩特铁路口岸与蒙古国铁路相连，途经俄罗斯、白俄罗斯、波兰等国铁路，通达欧洲其他各国。东通道，主要吸引华东、华南、东北地区进出口货源，在内蒙古满洲里铁路口岸、黑龙江绥芬河铁路口岸与俄罗斯铁路相连，途经白俄罗斯、波兰等国铁路，通达欧洲其他各国。

（四）Aramex 中东专线

Aramex 国际快递在国内又称中东专线，是全球国际快递联盟创始成员，也是第一家在纳斯达克上市的中东地区企业。中东专线在中东、南亚、北非地区价格和清关具有绝对优势。目前，Aramex 是发往中东地区国家的首选快递。时效非常有保障，价格合理，服务多元化。正常时效为 3 个工作日，一般时间均为 3~5 个工作日，主要优势地区在中东、北非、南亚等 20 多个国家和地区。

四、海外仓

（一）海外仓的含义

海外仓是指在本国以外的其他国家或地区建立的仓库。这种仓库可以为当地买家提供本国或者本地派送服务。海外仓有广义和狭义之分。广义的海外仓是指把产品放在买家所在国家或者附近国家的仓库，买家从电商平台或者其渠道选购产品后，卖家从买家所在国或者附近国家的仓库发货到其手里。狭义的海外仓是指货物从本国出口，通过海、陆、空运到买家所在国仓库，买家在网店下单，卖家只需在网上操作，对海外仓库下达发货指令，完成订单履行。货物从买家所在国发出，大大缩短跨境物流所需时间。

从跨境电商平台和跨境物流服务商的角度来看，海外仓服务是指由跨境电商平台、跨境物流服务商独立或共同为卖家在销售所在地的国家或地区提供货物仓储、分拣、包装、派送的一站式控制与管理服务。卖家将货物提前存储到当地仓库，当买家有需求时，海外仓第一时间做出快速响应，并及时进行货物的分拣、包装及递送。

海外仓的模式主要有跨境电商平台海外仓（如亚马逊 FBA）、第三方海外仓、自建海外仓。

（二）海外仓流程

通过海运、空运或者快递等方式将商品集中运往海外仓进行存储，并通过物流商的库存管理系统下达操作指令。

步骤一：将商品运至海外仓储中心，或者委托承运商将货发至其海外仓库。

步骤二：卖家使用物流商的物流信息系统，在线远程管理海外仓。

步骤三：海外仓根据卖家指令进行存储、分拣、包装、配送等操作。

步骤四：发货完成后系统会及时更新，以显示库存状况，让卖家实时掌握。

（三）海外仓费用

海外仓费用 = 头程运费+仓储费+订单处理费+本地配送费+增值服务费。

（1）头程运费：货物从中国到海外仓库产生的运费。
（2）仓储费：货物存储在海外仓产生的费用。
（3）订单处理费：处理订单当地配送产生的费用。
（4）本地配送费：在国外对订单配送产生的本地快递费用。
（5）增值服务费：请海外仓更换条码、转仓、卸货、退换货等增值服务费。

任务总结

本任务介绍了中国邮政物流、商业快递、专线物流、海外仓等的定义、运输限制、特点。通过学习，同学们应当能基本掌握邮政小包、中邮大包、国际 E 邮宝、国际 EMS、DHL、UPS、FedEx、TNT、燕文专线、中俄航空 Ruston 专线等有关内容，并根据掌握知识，完成表 6-1。

表 6-1 知识技能总结

类别	内容	学生总结	教师点评
知识点	邮政物流的分类		
	商业快递的优缺点		
	海外仓费用		
技能点	选择合适的物流方案		

任务 2 计算跨境物流运费

任务详情

了解了常见的国际物流方式后，经理建议小李通过运费计算，对比选择合适的物流方式。

知识拓展：跨境物流运费计算

任务分析

邮政小包、商业快递各有优点，于是小李分别计算了邮政小包的运费、商业快递的运费，再结合运送时效，打算综合考虑后再做决定。

相关知识点

一、邮政小包快递运费计算

在上一个任务中了解了中国邮政小包的含义及优缺点，在进行运费计算时，需要了解以下内容：

项目六 跨境物流操作

（1）平邮小包。

总额运费=标准运费×实际重量×折扣。

在资费标准中，标准运费往往以每千克单位运费的形式给出，因此要注意实际重量的单位换算。

（2）挂号小包。

总额运费=标准运费×实际重量×折扣+挂号费。

应注意，折扣仅为标准运费的折扣，与挂号费无关。

二、商业快递运费计算

根据前述任务的学习，我们了解了常见的商业快递有 DHL、UPS、FedEx 等，与邮政小包相比，商业快递送达时间较短，但是费用较高。在运费计算中，首先需要计算商品的体积重量，然后选取运费计算依据，具体步骤如下：

步骤一：计算商品的体积重量，体积重量=长×宽×高（立方厘米）/计算系数

步骤二：比较商品包裹的实际毛重与计算出的实际重量，二者取较大的作为运费计算的依据。

步骤三：计算总运费。

总运费=首重费用+（运费计算重量−首重重量）×续重标准资费+各项附加费用

注意：

（1）计算商品体积重量的系数因快递公司而异，如 DHL 公司的系数为 5 000。

（2）续重一般每 500 克计算一次，不足 500 克的，按照 500 克计算。

小李邮寄一票货物到澳大利亚，重 620 克，长×宽×高为 30 厘米×20 厘米×10 厘米。某货代公司中国邮政小包折扣后的运价（部分）如表 6-2 所示，请计算该货物的平邮和挂号运费。

表 6-2　某货代公司中国邮政小包折扣后的运价（部分）

序号	寄达国	中邮小包					
		0~150 克（含 150 克）		150~300 克（含 300 克）		300 克以上	
		基本邮费/（元·千克$^{-1}$）	挂号费/（元·件$^{-1}$）	基本邮费/（元·千克$^{-1}$）	挂号费/（元·件$^{-1}$）	基本邮费/（元·千克$^{-1}$）	挂号费/（元·件$^{-1}$）
1	法国	68.00	12.10	58.00	13.10	58.00	13.00
2	澳大利亚	70.00	13.80	54.00	16.10	54.00	16.00
3	德国	73.00	13.20	53.00	16.10	48.00	17.00
4	挪威	53.00	16.40	50.00	16.60	48.00	17.00
5	捷克	75.00	12.90	55.00	14.60	52.00	14.00

续表

序号	寄达国	中邮小包					
^	^	0~150克（含150克）		150~300克（含300克）		300克以上	
^	^	基本邮费/(元·千克$^{-1}$)	挂号费/(元·件$^{-1}$)	基本邮费/(元·千克$^{-1}$)	挂号费/(元·件$^{-1}$)	基本邮费/(元·千克$^{-1}$)	挂号费/(元·件$^{-1}$)
6	波兰	82.00	10.10	60.00	13.10	52.00	14.00
7	新西兰	70.00	8.10	62.78	8.10	62.78	8.00
8	斯洛伐克	55.00	14.60	55.00	14.60	44.00	16.00
9	斯洛文尼亚	57.00	15.40	57.00	15.40	57.00	15.00
10	克罗地亚	76.95	15.40	76.95	15.40	76.95	15.00
11	俄罗斯	70.00	18.10	60.00	19.60	52.50	21.00
12	美国	54.00	15.60	50.00	16.10	51.00	16.00
13	巴西	102.00	12.60	85.00	15.10	74.00	17.00
14	英国	50.00	21.60	50.00	21.60	46.00	22.00

邮政小包的优点是运费较低、不需要计算体积重量、不计算附加费用。因此在本任务中，小李只需关注商品重量、尺寸是否满足邮政小包的限制，再根据目的地的单位运费直接计算总运费即可。

平邮运费计算公式：运费＝标准运费×实际重量×折扣

或

运费＝折扣运费×实际重量

平邮运费计算步骤：

步骤一：根据目的地澳大利亚与商品重量在表中查找基本运费为54.00元/千克。

步骤二：根据公式，平邮运费＝54.00元/千克×0.62千克

＝33.48（元）

挂号运费计算公式：运费＝标准运费×实际重量×折扣+挂号费

或

运费＝折扣运费×实际重量+挂号费

挂号包运费计算步骤：

步骤一：根据目的地澳大利亚与商品重量在表中查找基本运费为54.00元/千克，挂号费为16.00元/件。

步骤二：根据公式，挂号运费＝54.00元/千克×0.62千克+16.00元

＝49.48（元）

所以，这票到澳大利亚的货物平邮运费为33.48元，挂号运费为49.48元。

虽然运费较低，但是小李认为邮政小包时效性较差，因此考虑使用DHL商业快递进

行邮寄。表6-3为某货代公司的 DHL 运费，每票最低征收160元燃油附加费，请帮小李计算如果使用 DHL 快递方式，运费为多少。

表6-3 某货代公司的 DHL 运费（部分）

重量/千克	1区 中国港澳	2区 韩国	3区 日本	4区 东南亚	5区 澳新	6区 美加墨	7区 欧洲 印度
0.5	92.0	129.4	122.3	138.6	139.0	141.7	182.2
1.0	112.2	158.8	154.4	169.4	182.6	188.8	230.1
1.5	132.4	188.3	186.6	200.2	226.2	235.8	278.1
2.0	152.7	217.	218.7	231.0	269.7	282.9	326.0
2.5	172.9	247.3	250.8	261.8	313.3	330.0	374.0
3.0	192.7	276.8	280.3	291.7	355.1	376.2	425.0
3.5	212.5	306.2	309.8	321.6	396.9	422.4	476.1
4.0	232.3	335.7	339.2	351.6	438.7	468.6	527.1
4.5	252.1	365.2	368.7	381.5	480.5	514.8	578.2
5.0	271.9	394.7	398.2	411.4	522.3	561.0	629.2

相比邮政小包，以 DHL 为代表的商业快递速度快，但运费较高，且需计算体积重量与附加费用。小李需要比较实际重量运费与体积重量运费，二者取其大，再加上附加运费来计算总运费。

计算公式：

运费=基本运费+附加费

计算步骤：

步骤一：计算商品的体积重量，体积重量=长×宽×高（立方厘米）/5 000
　　　　　　　　　　　　　　　　=30厘米×20厘米×10厘米/5 000
　　　　　　　　　　　　　　　　=1.2（千克）

步骤二：比较计算出的体积重量与实际毛重。1.2>0.62，取数值大的体积重量作为运费计算基础。

步骤三：查询运费资费表，找到澳大利亚对应的区域，所对应的基本运费（重量1.2千克属于1.0~1.5千克区间）为226.2元。

步骤四：计算总运费=标准运费+附加费=226.2+160=386.2（元）

因此货物若使用 DUL 运费为386.2元。

任务总结

本任务介绍了中国邮政小包、商业快递的运费计算方式。通过学习，同学们应熟练掌握体积重量计算方法和运费计算步骤。请根据掌握的知识，完成表6-4。

表 6-4　知识技能总结

类别	内容	学生总结	教师点评
知识点	邮政小包运费计算步骤		
	体积重量和实际重量区别		
技能点	计算邮政物流、商业快递等常见跨境物流运费		

任务 3　设置物流运费模板

任务详情

小李根据前期的调研，结合公司产品重量轻、体积小的特点，决定采用中国邮政挂号小包，需在后台设置物流运费模板，如图 6-1 所示。

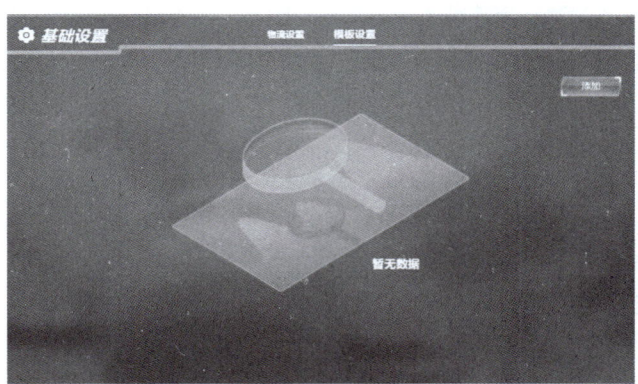

图 6-1　设置运费模板

任务分析

小李在进行物流模板设置时，从买家需求、物流成本、物流时效等多维度进行综合考虑。

相关知识点

TEMU 平台采用半托管和全托管的模式，以帮助跨境电商卖家完成国际物流运输，所以在 TEMU 平台，当收到消费者下单时，只需要将商品从国内物流邮寄至 TEMU 指定的仓库即可。如果使用其他跨境平台，可以根据需要选择自寄或者通过平台邮寄。这里为了方便展示设置运费模板的过程，采用跨境电商模拟沙盘软件来展示。

项目六　跨境物流操作　135

任务实施

在操作系统中，找到"模板设置"，单击"添加"按钮，如图 6-2 所示。

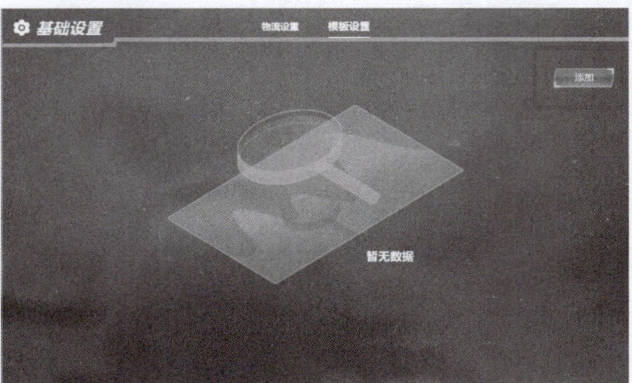

图 6-2　添加运费模板

根据运达地区、运费类型、承诺运达时间，设置运费模板，如图 6-3 所示。

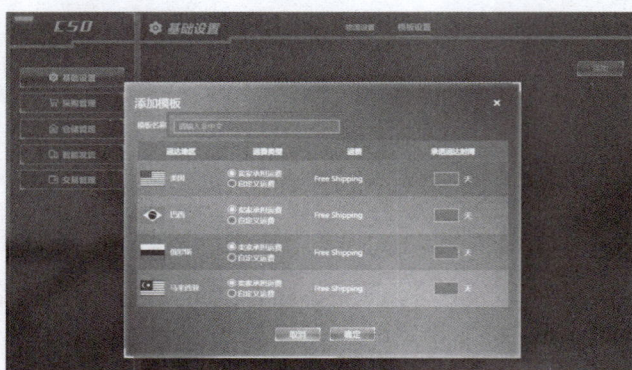

图 6-3　输入运费模板名称

填写完成后，单击"确定"按钮，如图 6-4 所示。

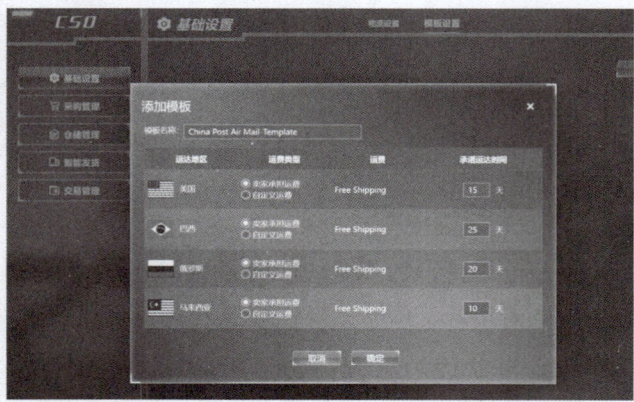

图 6-4　单击"确定"按钮

136　跨境电商实务

运费模板设置完成，如图 6-5 所示。

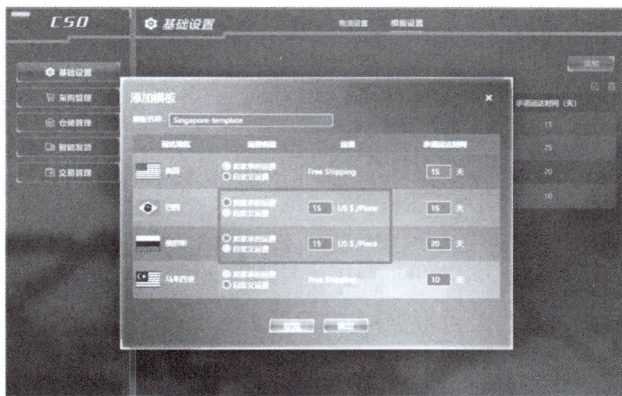

图 6-5　运费模板设置完成

根据运营策略的不同，产品运费在设置时可以选择卖家承担全部运费，也可以选择卖家承担部分运费，如果选择卖家承担部分运费，可以在后台设置运费模板时，选择"自定义运费"，以新加坡邮政小包为例，到达巴西、俄罗斯的运费为 51 元，与美国和澳大利亚相比较高，可以选择买家承担 15 元，设置运费模板时，选择"自定义运费"，操作方法如图 6-6 所示。运费分摊设置完成如图 6-7 所示。

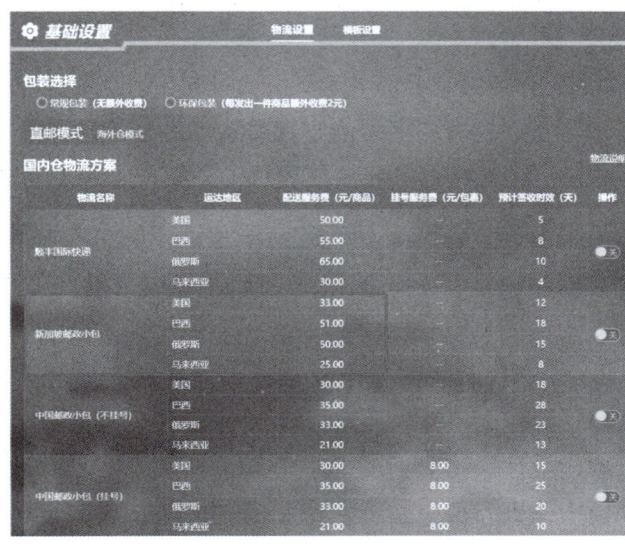

图 6-6　设置运费承担方式

图 6-7　运费分摊设置完成

项目六　跨境物流操作　137

任务总结

本任务介绍了运费模板的系统设置。通过学习,同学们应熟练根据运送时效要求选择物流、设置模板。请根据掌握的知识,完成表6-5。

表6-5 操作总结

类别	内容	学生总结	教师点评
操作总结	操作步骤		
	注意事项		

【素养小课堂】

如果说开放是青岛的最大优势,那么海陆空三位一体的立体口岸交通布局,则是支撑这一优势的基础。

海向,山东港口青岛港(以下简称"青岛港")以200余条互连互通的航线、每个月近700个航班构建起了国际物流大通道;陆向,青岛建设的上合示范区多式联运中心,串联起一条陆海内外联动、东西双向互济的新纽带;空中,通达世界的密集航线,架设起青岛快速连接世界的新桥梁……

海陆空口岸同时发力,青岛不断完善联动世界的口岸立体化布局,搭建"买全球""卖全球"的国际物流通道。

2021年5月18日,船长350米的"中远希腊"轮驶离青岛港自动化码头108泊位,标志着中远海运AWE6欧洲北美钟摆航线在青岛港正式上线。这是青岛港今年新开通的第10条外贸航线。

这些航线实现了青岛对"海上丝绸之路"沿线国家的全覆盖,为国内外贸企业与东南亚、欧洲、地中海、中东以及非洲等地区的贸易往来,提供了全面畅通的国际物流通道。

"山东港口青岛港码头作业效率和服务水平一直处于世界领先水平,现在中国港口主要不是在向国外港口学习先进经验,更多的是保持现在的水准以及分享经验,这个是在过去5~10年发生的重大变化。"马士基远东班轮中心执行部总经理孙连贵表示。

架起多式联运贸易之桥

陆向,青岛的多式联运,正让这座城市成为畅通中国与欧洲经贸合作的国际物流枢纽。

2021年5月22日,山东首班"齐鲁号"欧亚班列冷链专列由上合示范区青岛多式联运中心发出,满载绿花菜、绿芦笋等冷冻冷鲜农产品的50车、100个标准箱班列,一路向西,经满洲里口岸出境,预计15天左右抵达俄罗斯莫斯科。

不仅有欧亚班列,中亚班列、中蒙班列、中韩快线、东盟专线等一列列多式联运班列,让青岛成为当之无愧的海陆双枢纽城市,也让越来越多欧亚国家的产品通过这一国际物流大通道，实现了互联互通，打开了开放新格局。

打造东北亚国际航空枢纽

青岛还不断织密空中航线，搭建了青岛与世界联动的快速通道。

2021年5月14日，一架满载服装、日用百货等跨境电商货物的波音737飞机从青岛流亭机场起飞，前往越南河内。这是中国率先批准RCEP协定后，山东省首条至东盟国家的全货运包机。

随着新的胶东国际机场建成启用，青岛将全面提升航线的全球通达性，发挥好面向日韩、"一带一路"节点优势，提升机场国际枢纽功能，打造面向世界的东北亚国际航空枢纽。

素养拓展：诚实守信是中华民族的传统美德

（文章来源：《人民日报》海外版，https://w.dzwww.com/p/8546913.html）

能力检测

一、单项选择题

1. 下面哪个国家的跨境货物可以发E邮宝物流？（　　）

A. 美国　　　　　　　　B. 新西兰

C. 冰岛　　　　　　　　D. 南非

2. 下面哪种货物不能发中国邮政小包？（　　）

A. 衣服　　　　　　　　B. 鞋子

C. 带有电池的玩具　　　D. 游泳护臂

3. 美国不能发下面哪种物流？（　　）

A. 中国邮政小包　　　　B. EMS

C. E邮宝　　　　　　　D. 航空专线—燕文

4. 国际E邮宝单件最高限重（　　）。

A. 1千克　　　　　　　B. 2千克

C. 2.5千克　　　　　　D. 1.5千克

5. EMS寄递每票货只能走一件，单件货物不能超过（　　）。

A. 1千克　　　　　　　B. 2千克

C. 30千克　　　　　　 D. 20千克

二、多项选择题

1. 俄罗斯可以发（　　）。

A. E邮宝　　　　　　　B. 中国邮政小包

C. 航空专线—燕文　　　　　　D. DHL

2. 中国邮政平邮小包的缺点有（　　）。

A. 后期纠纷多　　　　　　　　B. 在中国境内有物流信息

C. 免挂号费　　　　　　　　　D. 没有国际物流信息

3. 下列哪些物流方式属于商业快递？（　　）

A. 139 俄罗斯专线　　　　　　B. UPS 全球速快

C. TNT　　　　　　　　　　　D. 顺丰国际经济小包

E. DHL

三、判断题

1. 重量在 2 千克以内的小包都可以发中国邮政小包。（　　）

2. 中国邮政小包不能发带有电池的产品。（　　）

3. 选择跨境物流渠道需要根据目的地、货物的重量段、货物的性质、对货物的时效要求、清关要求等进行选择。（　　）

4. 跨境物流可以有很多选择，如中国邮政小包、E 邮宝等，卖家可以自己随便选择哪种物流方式。（　　）

四、案例分析

案例一

现在你的亚马逊店铺有了一笔新订单，产品：服装，重量：0.5 千克，国家：俄罗斯，请计算俄罗斯分别发中国邮政小包和 E 邮宝的运费是多少。你会选择哪种跨境物流并分析原因。

案例二

请以到巴西的一笔订单解释航空专线—燕文的发货流程。

知识巩固与拓展

一、知识巩固

1. 请以思维导图的形式，归纳整理本项目的知识体系。

2. 请选择 3~5 个核心关键词，表达本项目的主要知识点。

二、拓展

1. 常见的跨境物流有哪些分类？异同点是什么？

2. 跨境商业快递运输费用计算与海洋班轮运输费用计算有什么异同点？

3. 以思维导图的形式归纳整理运费计算的步骤。

项目评价标准

评价内容	配分	评分标准	得分
邮政物流	10	阐述中国邮政物流分类（3分）及各物流的限重（3分）、特点（4分）	
商业快递	10	阐述四大商业快递的历史（按0/2/5分评分）及优缺点（按0/2/5分评分）	
海外仓	10	阐述海外仓操作流程（按0/2/5分评分）及费用构成（按0/2/5分评分）	
运费计算	10	掌握体积重量计算方法（3分）、中邮平邮小包运费计算步骤（2分）、中邮挂号小包运费计算步骤（2分）、商业快递运费计算步骤（3分）	
物流方式选择	10	能根据商品特征，选择恰当物流（按0/2/5/7/10分评分）	
	10	能通过比较运费成本，选择可选范围内最经济的物流方式（按0/2/5/7/10分评分）	
运费模板设置	10	能在TEMU平台上设置运费模板（按0/2/5/7/10分评分）	
订单处理	10	能及时处理订单信息（按0/2/5/7/10分评分）	
物流追踪	10	能追踪物流状态（按0/2/5分评分），及时为客户提供物流信息反馈（按0/2/5分评分）	
海外仓订单处理	10	能完成跨境海外仓订单处理与发货（按0/2/5/7/10分评分）	
合计		100	

项目七　跨境电商客服与管理

学习目标

知识目标

1. 熟悉跨境电商客服人员职业要求与岗位分类。
2. 熟悉常见的英文交流词汇与短语，掌握售前、售中、售后回复模板撰写规范。
3. 熟悉售后问题分类。
4. 熟悉平台纠纷处理流程，掌握维护客户、处理争议与解决纠纷的方法。

技能目标

1. 具备跨境电商客服人员的素养，能胜任相关岗位。
2. 能独立使用英文得体、恰当地进行售前、售中、售后回复。
3. 能妥善处理纠纷、安抚客户，能对客户好评进行得体回复，维护老客户。

素养目标

1. 具有良好的职业道德和法律素养，能够运用平台政策和规则处理跨境电商业务中遇到的问题，具有良好的文字表达和人际沟通能力。充分理解工作中与客户沟通的重要性，善于倾听客户心声。
2. 熟悉西方重要节日，端正服务态度，重视买家体验。养成积极主动、沉着冷静、耐心抗压的职业素养。
3. 能够收集并有效地分析和处理工作信息，具有较强的自我学习能力和市场开拓能力及创新精神。

工作项目

业务背景

　　在小李的精心运营下，跨境店铺发展蒸蒸日上，订单日益增多，对客服人员的需求也日益增多。小李建议经理组建专业客服团队，给客户带来更好的购物体验。

经理认同了小李的观点，让小李挑选3名人员组建客服团队，并进行简单培训，使他们具备相应的职业素养，并且能够从容应对订单纠纷、对店铺评价进行回复、维系客户。

任务1　跨境电商客服基本要求

任务详情

小李根据跨境电商客服人员的基本要求，通过面试挑选了3名人员，组建了客服团队，并进行相关培训。

任务分析

想要培养合格的客服人员，首先，应当理解跨境电商客服的基本素质与能力要求，再有针对性地开展培训。

相关知识点

一、客户服务相关概念

客服即客户服务（Customer Service），是指以客户为导向，为其提供服务并使之满意。广义而言，任何能提高客户满意度的内容都在客户服务的范围之内，一般国内客服的沟通方式是电话或者即时沟通工具。

电子商务客服是指承接客户咨询、订单业务处理、投诉，并通过各种沟通方式了解客户需求，与客户直接联系解决问题的电商服务人员。一般跨境电商客服的沟通方式是电子邮件和电话等。

二、跨境电商客服分工

（一）售前客服

售前客服主要是在客户下单以前为客户解答关于产品信息（如价格、数量、库存、规格型号、用途）、运费、运输等方面的问题，用耐心热情的态度引导客户，促使客户尽快下单。

售前客服四大工作主题：

（1）产品相关：产品的功能和兼容性、相关细节明细、包裹内件详情等产品问题咨询。

（2）交易相关：关于付款方式和付款时间等交易流程咨询。

（3）物流相关：运送地区和运送时间、能否提供快递、是否挂号等物流问题咨询。

（4）费用相关：合并邮费、批发购买、关税、是否能优惠等费用问题咨询。

售前客服应当尽力对每一个买家的提问都积极回复，买家购买高峰期保持旺旺在线，注意回复内容的细节，态度不卑不亢。

（二）售中客服

售中客服主要是发货确认、解决物流问题。客服通过告知客户产品的物流信息，让客户掌握产品动向。客户在付款下单以后、确认收货以前，往往会咨询售中客服。跨境电商因为涉及海关清关、运输时间长等问题，售中客服较为重要。

客服人员在发货前检查货物的状态，尽可能避免寄出残次物品；注重避免产品描述与产品实际状况不相符，以免买家因产品图片产生较高期望值，若与物品实际感受落差较大，则容易降低买家的购物体验甚至引发纠纷和投诉；可随产品附赠礼品，给买家创造意外的惊喜，从而给买家留下较好的购物印象，这有利于买家后期回头购买；注重物品的包装，专业整洁并注重细节的包装能提升买家的认可度，树立优质产品的第一印象。

（三）售后客服

售后客服主要是处理客户收到产品之后的一系列问题，包括退换货问题、买家确认收货以及买卖双方互评。遇到差评及纠纷时，售后客服应当用自身的专业素养妥善解决冲突，降低店铺差评率；遇到好评时，他们同样应当及时表达谢意，积极维护客户关系。

三、跨境电商客服基本素养

（一）英语或小语种交流能力

亚马逊等主流跨境电商平台以欧美发达国家为主要市场，跨境电商企业需要通过英语与客户进行沟通交流。速卖通以俄罗斯、巴西等国家为重点发展市场，小语种人才需求增加。

（二）了解海外文化

由于文化习俗不同，国内外商业交流可能会造成误解。跨文化交流能力是跨境客服必备的素养。客服人员需要了解和尊重不同文化和语言习惯，避免因文化背景不同而产生矛盾。这包括熟悉境外客户的文化背景，尊重对方的文化习俗，以及使用恰当的语言和沟通方式。

（三）了解海外相关知识产权与法律知识

跨境电子商务企业需要了解各类电子商务的相关法律，拥有应对商标、图片、专利等知识产权纠纷的能力。

（四）熟悉各大跨境电商平台的运营规则

客服人员应熟悉跨境电商平台的运营规则、商品交易流程以及客户服务标准，能够熟练处理订单、跟踪物流进度并解决客户疑问。

（五）一定的国贸基础知识与计算机知识

客服人员需要熟悉国际贸易规则、关税政策、物流运输等各方面的知识，以便在用户咨询时能够给予准确、及时的回答。

（六）电子商务相关知识储备

（1）熟悉主营产品的内涵和外延，能够提供专业而又全面的产品信息咨询。每天熟悉和掌握2~3款产品，了解产品的相关知识，从产品相关系数、使用说明，到常见问题的解决，都要了解清楚，日积月累，一定要给客人留下专业印象。

（2）了解相应平台买家购物的流程、支付方式，常见问题及解决方法（指导买家购物）。

（3）熟悉平台费用体系以及产品定价公式。

（4）熟悉常用物流渠道的到货时间和查询方法。

（5）熟悉常规问题的解决套路，流程化解决一般性问题。

（6）熟悉国外消费者的消费习惯和消费性格、购物时间、忌讳事项、热门节日。

（七）沟通能力

客服人员需要与客户进行有效的沟通和交流，了解客户需求和问题，并及时提供解决方案。同时，还需要与团队内部的其他部门进行沟通和协调，以保证客户服务的顺利进行。同时，客服人员应善于倾听客户的需求和困扰，以同理心理解客户的处境，并给出合适的解决方案。这有助于建立信任关系，提高客户满意度。

任务实施

从现有的团队成员中，小李根据跨境电商客服人员的基本要求，选择了甲、乙、丙3名人员进行考核。

甲认为，客服人员应当可以解答客户咨询。在跨境电商平台进行购物的买家，有些对复杂产品的使用与特征不熟悉，尤其是一些大型复杂器具的使用方法及专业精密仪器的组装与使用方法，这就要求客服人员进行耐心、仔细的讲解。另外，运输方式、海关报关清关、运输时间等也是客户关注的问题。

知识拓展：客服人员职业要求

乙谈道，客服人员应当可以促进销售。买家在跨境电商平台进行购物，当其选择产品时，售前客服的态度与专业性会对其选择与判断产生影响。一个优秀的客服人员能够充分说出产品的特点，用自身优秀的素质打动客户，从而说服其购买。另外优秀的客服人员应具备营销意识与技巧，能够把零售客户中的潜在批发客户转化为企业的忠实客户，这对于增加企业的价值是有巨大帮助的。

丙补充道，客服人员应当可以进行管理监控。客服人员可以直接与客户进行沟通，

能够及时发现企业在产品开发、采购、包装、仓储、物流、报关等环节上的问题。企业可以充分发挥客服人员的管理监控职能，让客服人员定期将遇到的问题进行分类归纳，及时反馈，为这些部门工作流程的优化和效率的提高提供参考资料。

通过考核，小李认为经过前期的相关工作，甲、乙、丙都具备客服人员的基本素质。随后，小李对他们进行了简单的培训，给出了客服回复常用模板，主要包含以下内容：

一、买家拍下后

Thank you for your order! It brought to our attention that your payment hasn't been received yet.

The total would be: Item $____ + Shipping $____ = Total $____.

If you got any problem on payment, please contact us to help you, thanks!

Eg2: Dear, thank you for your support! We will send out the package as soon as possible after your payment.

Eg3: Dear, there are only 3 days left to get 10% off, please kindly finish your payment as earlier as you can, thanks.

Eg4: Dear, finish your payment today, then you still have the chance to get a free gift (only for the first 10 customers).

翻译：

谢谢您的订单！我们注意到您的付款尚未收到。

总金额为：商品 $____ +运费 $____ =总金额 $____。

如果您在付款方面有任何问题，请联系我们帮助您，谢谢！

或：

亲爱的，谢谢你的支持！我们会在您付款后尽快寄出包裹。

或：

亲爱的，只有3天的时间可以享受9折优惠，请尽快付款，谢谢。

或：

亲爱的，今天完成付款，那么您还有机会获得免费礼物（仅限前10名客户）。

二、买家付款后

Hi Dear,

Thanks for your order and payment. Your item will be sent out in X business days as promised. After doing so, we will send you a notification letter with tracking No. By the way,

Please confirm your address, post code and phone number is updated.

To avoid you paying high import taxes, we usually declare the item name "×××" and item value "under USD×××", is it OK?

Any special requirements please reply within 24 hours, thanks!

Eg2: Dear, your order has been closed because your credit card has not been approved by AliExpress, if you want the item now, we have prepared for you and you can put a new order, Besides, you can pay through western union, TT payment or try other way too. Also, please contact with us! Good luck!

翻译：

嗨，亲爱的，

感谢您的订单和付款。您的物品将在承诺的×个工作日内寄出。在此之后，我们将给您发送一个通知信，其中包含运单号。顺便说一下，

请确认您的地址，邮政编码和电话号码已更新。

为了避免贵司缴纳高额的进口税，我们通常将货名申报为"×××"，货值申报为"USD×××"，可以吗？

如有特殊要求请在24小时内回复，谢谢！

或：

亲爱的，你的订单已经关闭了，因为你的信用卡还没有被速卖通批准，如果你现在想要这个商品，我们已经为你准备好了，你可以重新下订单，此外，你可以通过西联汇款、TT付款或其他方式付款。另外，请主动与我们联系！好运！

三、卖家发货后

Hi Dear,

We have sent out your package, it is estimated to arrive in 7-10 days in normal conditions. If not, please don't hesitate to contact us.

Tracking number: ××××

Tracking website: ×××× (Information will be shown on the website in 2-3 business days).

Thanks again for your great purchase, sincerely hope our item and customer service can give you a pleasant buying experience.

Eg2: Dear friend, your package has been sent out, the tracking No. is 0000000000 via DHL, please keep an eye on it, hope you love it and wish to do more business with you in the future. Good luck!

Eg3: Dear customer, we have sent the goods out today, and we can receive the tracking number after 12 hours later, we'll send you message when we receive it.

翻译：

嗨，亲爱的，

我们已经寄出了您的包裹，正常情况下预计7~10天到达。如果没有，请及时与我们联系。

运单号：××××

网站：××××（信息将在2~3个工作日显示在网站上）。

再次感谢您的购买，真诚希望我们的产品和客户服务能给您一个愉快的购买体验。

或：

亲爱的朋友，您的包裹已经寄出了，快递单号是0000000000，DHL。请保持关注，希望您喜欢它，多多惠顾。祝您好运！

或：

亲爱的顾客，我们今天已经发货了，12个小时后才能收到单号，收到后会给您发信息。

四、货物妥投后

Hi Dear,

Checked on tracking website that you have received your order! Is it arrived in good condition without breakage?

If you are satisfied with your purchase and our service, it will be much appreciated that you give us five-star feedbacks and leave positive comments on your experience with us!

And if you got any problem, please contact us directly for assistance, rather than submitting a refund request. We aim to solve all problems as quickly as possible, thank you!

Eg2：Thank you for your positive comments. Your encouragement will keep us moving forward. Besides, if you email back some photos to show us what the item looks, you will get free coupons or discount price on your next purchase, thank you and hope that we'll have more chances to serve you.

翻译：

嗨，亲爱的，

在网站上查看，您的订单已经收到！货物到达时是否完好无损？

如果您对您的购买和我们的服务感到满意，我们将非常期待您给我们一个五星好评！

如果您有任何问题，请直接联系我们，请先尽量不要直接提交退款请求。我们的目标是尽快解决所有问题，谢谢！

或：

感谢您的好评。您的鼓励会使我们继续前进。另外，如果您给我们发一些照片，带图评价，您在下次购买时将获得免费优惠券或享受折扣价格，谢谢，希望我们有更多的机会为您服务。

五、安检不合格

Hi, friend,

Nice day, I am Charles, really sorry for this trouble to you, I asked the post office, they replied that your item is returning to us because it didn't pass the customs security inspection, but please do not worry my friend, we will resend it to you and provide new tracking number, there is no further cost to you, but hope you could wait for it in patience.

Or if you do not want to wait any more, we could also give full refund to you, your satisfaction is our utmost priority.

This problem happens occasionally in international shipping, your understanding will be greatly appreciated.

Best Wishes.

翻译：

嗨，朋友，

美好的一天，我是 Charles，真的很抱歉给您带来麻烦，我问了邮局，他们回复您的物品因为没有通过海关安全检查而退回给我们，但是请不要担心，我们会重新寄给您并提供新的运单号，无须支付额外的费用，但希望您耐心等待。

或者如果您不想再等了，我们也可以全额退款给您，您的满意是我们的首要任务。

这个问题在国际运输中偶尔会发生，敬请谅解。

敬上。

六、无物流信息

Hi, friend,

Have a nice day friend, so sorry for this trouble to you, please do not worry, usually it may take one week to update the tracking info, so please wait for a few days more, if there still has no info , please let me know, I will ask post office and work it out, and if there is any problem with your item, we will inform you in first time.

Your patience will be greatly appreciated

Kind regards.

翻译：

嗨，朋友，

祝你度过美好的一天，朋友，很抱歉给您带来麻烦，请不要担心，通常可能需要一周的时间来更新物流信息，所以请再等几天，如果仍然没有信息，请告诉我，我会联系邮局解决，如果您的物品有任何问题，我们会在第一时间通知您。

感谢您的耐心等待。

祝好。

任务总结

本任务介绍了跨境电商客服的工作内容与应当具备的职业素养。通过学习，同学们

应熟练掌握客服工作内容与技巧。请根据掌握的知识，完成表7-1。

表7-1 知识技能总结

类别	内容	学生总结	教师点评
知识点	跨境客服工作内容		
	跨境客服知识储备		
技能点	能够独立承担售前、售中、售后客服工作职责		

任务2 售后服务及纠纷处理

任务详情

小李的公司最近售卖了一批宠物香波到法国，在运输途中被海关扣压，无法到达顾客手中，针对这种情况，顾客与平台产生纠纷。

任务分析

为了更好地处理纠纷，应当先对问题进行归类。再根据具体情况进行分析，安抚客户情绪，解决客户问题。

相关知识点

一、售后问题分类

（一）知识产权纠纷

常见的知识产权纠纷有以下四类：

1. 归属权纠纷

归属权纠纷是指主体之间就谁是真正的知识产权人、谁应该具有知识产权所发生的争议。

2. 侵权纠纷

侵权纠纷是指知识产权人与不特定第三人因侵权行为发生的争议，如未经知识产权人许可，擅自使用其知识产权，导致双方发生的纠纷。

3. 合同纠纷

合同纠纷是指知识产权转让、许可使用等合同中各方当事人因合同引起的争议，如受让方超越合同授权导致双方发生的纠纷。

4. 行政纠纷

行政纠纷是指当事人对知识产权行政管理机关所做出的决定不服而引起的争议，如对有关行政机关的处理决定不服而产生的纠纷。

在以上四类纠纷中，侵权纠纷最为多见，主要表现在商家销售未经授权的品牌产品，从而给特定品牌带来损失。如果恶意侵权严重，不但会遭到品牌权利持有人的投诉和诉讼，还会遭到平台屏蔽。

（二）运输纠纷

运输纠纷是整个运输过程中涉及的环节出现争议的情况，主要有以下三种情况：

1. 海关扣关纠纷

海关扣关纠纷，即交易订单的货物由于海关要求所涉及的原因而被进口国海关扣留，导致买家未收到货物而引起的纠纷。这属于运输纠纷的一种。海关要求所涉及的原因包括但不限于以下几种：

（1）进口国限制订单货物的进口。

（2）关税过高，买家不愿清关。

（3）订单货物属假货、仿货、违禁品，直接被进口国海关销毁。

（4）货物申报价值与实际价值不符，导致买家需在进口国支付所处罚金。

（5）卖家或买家无法出具进口国需要其提供的相关文件。

2. 卖家私自更改物流方式

卖家如果不能按照承诺的物流发货，应提前与买家进行沟通。买家如果不同意更改，则卖家不应私自更改物流方式。

3. 货物未送达

导致原因可能是地址错误、快递员丢件、买家外出导致无法妥投等，还有可能是自然灾害、政治因素等不可抗力导致的。针对不可抗力，卖家应合理规避，如关注国际形势与季节天气等。

（三）购买评价纠纷

购买评价纠纷贯穿于前面几种纠纷类型中。尤其指买家针对整个交易过程中卖家服务态度、货物等不满引起的纠纷。

卖家服务态度可能是客服服务态度问题、售前销售误导问题、售后处理效率低下问题。

对货物不满主要包括货物与描述不符、质量问题、货物破损、货物短装、销售假货等情况。

二、回复案例

为帮助小李的客服团队顺利进阶，下面列举了常见的客服回复案例。

（一）交易支付问题

客户：Do you accept check or bank transfer? What payment methods can you support?

客服：Thanks for your question. We accept Paypal, Payoneer, deposit check and almost all common payment methods, and the commission is charged by seller. You can choose one which is available for you.

（二）好评回复

客户：Hello, I've already received the product and I like it very much.

客服：Thanks for your continuous support, and we are striving to improve our service, quality, sourcing, etc. It would be highly appreciated if you could leave us a positive feedback, which will be a great encouragement for us.

（三）投诉包装破裂

客户：The goods I received were damaged because of the bad packing.

客服：We are really sorry about the inconvenience caused to you that our package errors lead to the damaged goods. Please do not disappoint with us. We will continue to improve. You need to resend or refund to you? Look forward to your kind reply.

（四）反馈物流问题

客户：The logistics information has not been updated for a long time.

客服：Sorry for the inconvenience. We will check the logistics information for you as soon as possible. The reason why the logistics information is not updated may be that the customs is inspecting the goods. Please wait patiently.

（五）咨询商品信息

客户：Can this product be used for dogs?

客服：Of course. Our products are designed for dogs and cats.

（六）更换收货地址

客户：I changed the shipping address.

客服：Ok, please confirm the delivery address again. 23 Berlin Street, New York City. We will deliver the goods to you as soon as possible.

（七）索要优惠

客户：Can you give me a discount if I buy two?

客服：Thank you for your support. If you buy 5 pieces or more, we'll give you a 20% discount. If you buy two pieces, I can only apply for a 5 yuan coupon for you. Do you need to buy more?

（八）个人原因换货

客户：I undersized the product. Can I exchange it for a bigger one?

客服：Of course. You can submit a replacement application, but the shipping cost will be borne by you.

（九）咨询产品使用方法

客户：How do I use this product?

客服：Thank you for your support. You may refer to the instructions in the box. I'll send you a video with detailed instructions on how to use it.

（十）询问库存数量

客户：I want to buy 100 pieces. Is there enough in stock?

客服：Sure. We have sufficient stock. We can ship your order as soon as possible.

任务实施

小李对遇到的情况进行认真分析，认为是运输纠纷的一种。此时，小李应当仔细查验货物因为什么原因被扣押，并妥善处理。针对客户收到货后可能给出的售后评价提前做好预案。

知识拓展：售后问题分类

一、好评回复

公司妥善解决了问题，客户非常满意，交易结束后给出好评。小李代表公司对客户评价做出回复。小李首先了解了好评的回复技巧：

（1）在称呼上需要使用客户的名字，以示对客户的尊重，让客户感到亲切。

（2）表达感谢之情，言明该好评的鼓励作用。

（3）表达将来继续为客户服务的愿望。

（4）可以写一些个性化的祝福语。

（5）落款名称可以写客服的名字，以便让客户觉得自己并不是和冷冰冰的互联网做交易，而是和实实在在的人做交易，这样也方便后续的邮件营销和 SNS 营销。

知识拓展：处理售后评价

随后，向客户进行如下回复：

Dear ×××,

Thanks for your supporting feedback. We are encouraged and will do our best in the future. Best wishes!

Li

二、差评与纠纷处理

小李公司出售的宠物香波，由于闻起来味道与客户期待有差距，客户给出了差评，要求小李公司赔偿金额 10 元。小李准备处理此事。

首先，小李向老员工请教了回复差评的技巧：

（1）收到差评之后及时和买家联系，在表达歉意的同时，询问买家对产品质量不满意的具体原因。卖家可以通过站内信、邮件等方式联系买家。

（2）可以通过换货或退款的方式，让买家满意并且修改评价。

（3）如果买家未能做出修改，则可以先查看买家的评价是否符合平台评价的投诉规则。例如，买家的评价包含侮辱性言论；内容为"我真的很喜欢这个货物，它很完美"，但是留了1星差评。

知识拓展：速卖通平台纠纷处理

（4）若未能实现前面三步，差评无法消除，卖家则可以进行差评营销。例如，解释为什么会出现这样的质量问题，或者附上产品的使用说明与注意事项、色差的注意事项等。这里的差评营销主要是为了向潜在客户说明真实情况。

知识拓展：eBay 平台纠纷处理

（5）差评处理结束后，客服人员应该积极查找相同产品的其他评价，如果发现评价具有共通性，则应及时采取措施，改进产品质量，或上架新的无质量问题的类似产品。

随后，小李按照下面三步完成了差评回复：

第一步：该问题产生的原因是客户认为实物与商品描述不符，如果情况属实，小李应认识到公司的问题，代表公司道歉并解释原因。

第二步：核算商品成本与利润，看客户要求的赔偿能否在不亏本的前提下满足。如果可以，也应与客户商量更低的赔偿；如果不行，更应当与客户商议合理的赔偿金额，并给客户发放专属优惠券。

第三步：问题妥善解决后，联系客户修改差评。

任务总结

本任务介绍了纠纷的类型、售后评价的处理。通过学习，同学们应当能基本掌握纠纷的各种类型与详细分类、好评回复技巧、差评回复技巧等知识。请根据掌握的知识，完成表7-2。

表7-2 知识技能总结

类别	内容	学生总结	教师点评
知识点	知识产权纠纷		
	运输纠纷		
	支付纠纷		
	购买评价纠纷		
技能点	对好评进行得体回复		
	对差评进行得体回复		

【素养小课堂】

有家总部位于中国、销售市场主要集中在北美的知名眼镜品牌，主要从事时尚眼镜的设计、生产和销售，近年跨境电商业务规模不断扩展，现有的客服体系却"落伍"了，难以适应当前阶段公司的发展要求。

因此希望与中关村科金合作，打造一套先进的跨境电商智能客服系统，借助 AI 等新技术全面升级服务体系，从而应对客户日益增长的个性化服务需求，实现业绩增长。

"我们品牌客户大多为北美用户，公司原有的客服体系主要存在四个问题，用户渠道分散、服务效率低、产品功能不灵活、信息不统一，限制了售前、售中、售后服务水平与销售业绩。"该跨境电商品牌营销负责人详细介绍了目前面临的困境。

该品牌的客户咨询以邮件、官网、电话、App 等方式为主，渠道分散，客户服务工作无法统一管理。人工客服经常出现电话漏接、售前商机处理不及时等问题，外呼运营工作也效率低下，准确率与转化率不高。

除此之外，现有客服系统存在功能配置不灵活等问题，智能化程度低，主要依靠人工统计数据，多个系统的数据未打通，存在大量的数据孤岛，信息查询不便，极大地影响了客户体验和服务效率。

中关村科金为该品牌打造的跨境电商智能客服系统，其中，多语言在线客服功能能够辅助人工客服提供咨询服务。通过英文与中文互译功能，对客服与用户的交流进行实时双边翻译，同时支持多轮对话，提升用户体验，对于不能解答的问题，具备一键转人工功能。

接待电话咨询和外呼营销的跨境电商外呼机器人，能够使用英语模拟人工外呼作业流程，实现真人般对话效果，准确识别用户真实意图，并分析对话内容，筛选客户意向等级，外呼效率是人工 5 倍以上。

对于该跨境电商品牌来说，建立统一的客服工作台同样是重中之重，中关村科金帮助该跨境电商品牌建立可自由配置的工作台，统一管理各个客户咨询渠道，减少多系统切换困扰，提高座席效率。

该跨境电商智能客服系统还能实现统一客服路由管理，根据用户咨询情况打标签，按照既定规则自动分配给最合适的客服，帮助企业在多个区域扩展业务，根据不同区域特点进行策略调整。

7×24 小时的智能化客户服务体系，大大提高了用户接待效率，改善后的客户运营的工作流程提升了客户体验。而大模型技术赋能的跨境电商外呼机器人，以更高的客户意图识别率，帮助该平台实现了更精准、高效和个性化的营销服务。

（文章来源：百度，https://baijiahao.baidu.com/s? id=1808146887794386513&wfr=spider&for=pc）

能力检测

素养拓展：以人为本

一、选择题

1. 一般情况下，以下哪项不属于客服的工作内容？（　　）

　A. 及时回应客户的售后咨询

　B. 将好评率控制在 98% 以上

　C. 产品退换货，投诉处理，损坏产品更换

　D. 策划店铺折扣促销活动

2. （　　）主要是为客户解答关于产品信息（如价格、数量、库存、规格型号、用途）、运费、运输等方面的提前咨询。

　A. 售前沟通

　B. 售中沟通

　C. 售后沟通

3. 请仔细阅读下面邮件，并选择邮件所表达的内容。（　　）

Dear Ethem,

Thank you for your patience. We confirm that your order was sent（Order No：8875666 8845）on May 20th. However, the tracking detail shows that it's still on the way. We were informed that the package did not arrive yet due to a shipping delay from the delivery company. If you do not receive your package before May 27th, we can resend your order or apply a full refund to you as per your choice. If you have any further questions, please feel free to contact us directly and we will be glad to help you.

Best Regards,

Calic

　A. 给买家推荐更多相关产品　　　　　　B. 同意客户退款请求

　C. 回复客户关于预期内未收到货的问题　　D. 提醒买家收货后给好评

4. 请仔细阅读下面邮件，并选择邮件所表达的内容。（　　）

Dear Pavol,

Thanks for your purchasing in our shop and we are sorry to tell you that the parcel was kept at the Russian Customs.

Status：still in customs clearance

According to the rules of Ali, the buyer is obliged to clear the customs and get the parcel. We also hope you can clear the customs as soon as possible and get your help. Please agree with extending more days to receive it and cancel the dispute kindly.

If there is anything we can help, please feel free to contact us.

Thanks!

Best Regards,

Flora

A. 给买家推荐更多相关产品　　　　　B. 解决买家付款困难

C. 恳请客户为货物清关，并撤销纠纷　　D. 提醒买家收货后给好评

5. 请仔细阅读下面邮件，并选择邮件所表达的内容。（　　　）

Dear Teresa,

Hello! I appreciate the time you have taken to contact us about your order with tracking number：EE756668845CN.

As per the current tracking result, I regret to inform you that your package is undergoing an unusual condition: it returns back to us. The possible reason for returning will be written on the package（incorrect/illegible/incomplete address；expired retention period；the addressee failed to collect the item；the addressee does not reside at the given address；refused to accept by addressee，etc.）. I'll keep you updated once it arrives at our end.

We're willing to solve this problem by making full refund or replacing one as per your choice.

Please accept my sincere apologies and let us know which method you are preferable to choose.

Have a nice day!

Best Regards,

Flora

A. 给买家推荐更多相关产品　　　　　B. 解决买家付款困难

C. 货物被退回，纠纷处理　　　　　　D. 提醒买家收货后给好评

6. 请仔细阅读下面邮件，并选择邮件所表达的内容。（　　　）

Dear Pedro,

I'm sorry that the goods cannot satisfy you. It's for sure that you can send it back for refund or exchange. Please kindly return the goods to the following address：

NO. 1 DINGXIANG ROAD NANCHANG，JIANGXI，CHINA

Please make sure the returns include all the original products，packages，and accessories in a re-saleable condition.

Please be aware that postage cost for both return and re-sending will be charged on your side. Once we receive the goods, we will arrange the refund or exchange for you.

Thank you!

Best Regards,

Flora

A. 买家收到货后不喜欢，退货纠纷处理　　B. 解决买家付款困难

C. 给买家推荐更多相关产品　　D. 提醒买家收货后给好评

二、多项选择题

1. 跨境电商从业人员需要具备以下的素质有（　　）。

   A. 了解海外客户的消费理念和网购文化

   B. 了解相关国家的知识产权和法律知识

   C. 熟悉各大跨境电商平台的不同运营规则

   D. 有"本土化"的思维

2. 影响订单评价的主要因素有（　　）。

   A. 售后的跟踪　　B. 发货的速度　　C. 产品质量　　D. 与图片的吻合度

3. 请仔细阅读下面邮件，并选择邮件所表达的内容。（　　）

   Dear Jack,

   We have tracked the logistic information and it hasn't been updated due to the problem of system. But don't worry, the goods are in transit. Perhaps you will receive the goods a few days later. Please wait for patience.

   Have a lovely day.

   Calic

   A. 提醒客户货物已经到达，请及时取货

   B. 为客户查询物流状态时，发现物流信息长时间没有更新

   C. 告知客户货物被海关扣关

   D. 告知客户收货时间可能会延迟，减少可能存在的未到货纠纷

4. 请仔细阅读下面邮件，并选择邮件所表达的内容。（　　）

   Dear Mary,

   Thanks for your positive appraisal.

   We will strive for providing better service and products for you in the future.

   Welcome your next coming.

   Best regards,

   Calic

   A. 店铺已收到客户对订单的好评

   B. 作为客服的 Calic，对客户的好评进行感谢

   C. 邮件目的在于维护客户的黏度，提升客户的体验感

   D. 提醒买家收货后给好评

5. 请仔细阅读下面邮件，并选择邮件所表达的内容。（　　）

Dear Mariya,

We are sorry to see that you left negative feedback relating to your recent purchase experience from our store.

Please contact us at any time so we can find out why you were unhappy and resolve your problems. We hope then you can revise your feedback into a positive feedback for us, because any negative feedback from customers will damage our store's credit.

Thank you.

Yours sincerely,

Daniel

A. 提醒买家收货后给好评

B. 店铺收到客户的差评

C. 客服 Daniel 与客户沟通，希望其修改评价

D. 邮件目的在于减少差评，维护店铺的信誉

三、判断题

在客户犹豫是否下单时，客服可给予适当的折扣优惠，引导其下单。（　　）

四、案例分析

1. 客户在收到部分货品后，发现运送速度比较慢。于是提出是否可以从海外仓直接发货，对于这种情况，客服进行了回复，请查看以下回复是否合理，存在什么问题？

原邮件：

Dear Valued Customer,

Really sorry for the inconvenience. Just because we have set some remote area from Moscow. Cannot ship it from Russian Warehouse. For long address from Moscow is easy to lose the package, also buyer need pay high shipping fee, so you cannot choose ship it from Russian Warehouse.

If OK hope you can understand it and place order from China.

Best wishes,

Tina

知识巩固与拓展

一、知识巩固

1. 请以思维导图的形式，归纳整理本项目的知识体系。

2. 请选择3~5个核心关键词，表达本项目的主要知识点。

二、拓展

工作任务：将学生分组，每组4~6人，以小组成员的名义完成邮件分析。

Dear Daniil,

We have checked the tracking information and found your package has now arrived at your country's Customs agency. If your package is delayed, please consult your local Customs office to solve the problem. If you have any further questions, please feel free to contact me.

Best Regards,

Kevin

项目评价标准

评价内容	配分	评分标准	得分
客服人员工作内容	10	阐述售前（3分）、售中（3分）、售后（4分）客服的工作内容	
客服人员具备素养	10	阐述客服人员应具备的素养（按0/2/5/7/10分评分）	
知识产权纠纷	10	阐述知识产权的定义（按0/2/5分评分）及纠纷类型（按0/2/5分评分）	
运输纠纷	10	掌握海关扣关纠纷（3分）、更改物流方式纠纷（3分）、货物未送达纠纷（4分）相关内容	
支付纠纷	10	阐述支付纠纷（按0/2/5/7/10分评分）	
退换货纠纷	10	能根据自身经验与已有知识，谈谈退换货纠纷常见情况（按0/2/5/7/10分评分）	
购买评价纠纷	10	能阐述服务态度纠纷（按0/2/5分评分）、货物原因纠纷（按0/2/5分评分）的原因	
好评回复	10	能得体地对好评进行回复（按0/2/5/7/10分评分）	
差评处理	10	能掌握差评处理步骤（按0/2/5/7/10分评分）	
差评回复	10	能得体地对差评进行回复（按0/2/5/7/10分评分）	
合计		100	

参 考 文 献

[1] 许辉,张军. 跨境电子商务实务 [M]. 北京:北京理工大学出版社,2019.
[2] 童海君,蔡颖. 电子商务视觉设计 [M]. 北京:人民邮电出版社,2022.
[3] 龙朝晖. 跨境电商选品管理 [M]. 北京:中国人民大学出版社,2023.
[4] 张宗英,姜丽丽. 跨境电商基础 [M]. 北京:中国人民大学出版社,2023.
[5] 朱春兰. 跨境电商基础 [M]. 大连:大连理工大学出版社,2023.
[6] 马海峰. 跨境电子商务 [M]. 北京:北京工业大学出版社,2019.
[7] 冯江华,汪晓君. 跨境电商基础 [M]. 北京:北京理工大学出版社,2021.
[8] 刘颖君. 跨境电子商务基础 [M]. 北京:电子工业出版社,2020.
[9] 朱桥艳,赵静. 跨境电商操作实务 [M]. 北京:人民邮电出版社,2018.
[10] 速卖通大学. 跨境电商客服:阿里巴巴速卖通宝典 [M]. 北京:电子工业出版社,2016.
[11] 柯丽敏,王怀周. 跨境电商基础、策略与实战 [M]. 北京:电子工业出版社,2016.
[12] 吴宏,潘卫克. 跨境电商Shopee立体化实战教程 [M]. 杭州:浙江大学出版社,2019.
[13] 梁其钰. 我国跨境电子商务支付面临的风险与防范机制 [J]. 对外经贸实务,2018(11):57-60.
[14] 郎玲,李子良. 我国跨境电商发展现状及支付问题研究 [J]. 合作经济与科技,2019(1):124-127.
[15] 张莉. 中国跨境电子商务的国际借鉴 [J]. 今日中国,2016.
[16] 曲莉莉. 跨境电子商务基础 [M]. 上海:华东理工大学出版社,2019.
[17] 杜鹃. 跨境电商运营 [M]. 成都:电子科技大学出版社,2020.
[18] 速卖通大学. 跨境电商运营与管理 [M]. 北京:电子工业出版社,2017.
[19] 袁江军. 跨境电子商务基础 [M]. 北京:电子工业出版社,2020.
[20] 肖旭. 跨境电商实务 [M]. 北京:中国人民大学出版社,2017.
[21] 王健. 跨境电子商务基础 [M]. 北京:中国商务出版社,2015.
[22] 汤兵勇. 中国跨境电子商务发展报告 [M]. 北京:化学工业出版社,2017.
[23] 李鹏博. 揭秘跨境电商 [M]. 北京:电子工业出版社,2015.
[24] 恒盛杰电商资讯. 出口跨境电商 [M]. 北京:机械工业出版社,2017.